知のミュージアム
多摩・武蔵野検定
2008–2009
出題問題と解説

社団法人 学術・文化・産業ネットワーク多摩 編

はじめに

　東京都の西部に位置する多摩は、かつて武蔵国の国府が置かれ、ここは政治・経済・文化の中心地でした。それゆえに歴史遺産が豊富で、貴重な文化が息づいています。

　また、水と緑が豊かで、景勝地が多く、大都会東京のオアシスになっています。

　戦後は先端産業の集積地として発達しました。さらに今日に至っては大学キャンパスが数多くあり、若いエネルギーがみなぎっています。

　こうした多摩の地理や歴史、産業、文化などを愉しみながら学び、多くの人に多摩の魅力を再発見してほしいと願って始めたのが「知のミュージアム　多摩・武蔵野検定（タマケン）」です。

　タマケンがきっかけとなり、身に付けた知識をまちづくりに活かしてほしいと願います。

　初年の平成20年はマスター３級、21年はマスター２級を新設、３年目となる22年はマスター１級を加え、初めてフルバージョンで開催します。これまでにマスター３級に1,462人、マスター２級に209人が合格しています。合格者のみなさんは身に付けた知識をビジネスやボランティア活動に生かしています。さらに見聞を広めている方も大勢いらっしゃいます。

　この『2008—2009 出題問題と解説』には２年間の出題問題と解答、解説を収録しました。すでに受検された方は、誤まったり、できなかった問題を確認する一助にしてください。新たに受検をお考えの方は問題傾向の把握にお役立てください。

　本書は多摩の実情を手軽に知ることができる一冊になっています。知っているようで知らない多摩の素顔が随所にあります。お愉しみください。

　　　　　　　　　社団法人　学術・文化・産業ネットワーク多摩

目　　次

はじめに

知のミュージアム　多摩・武蔵野検定とは／3

2008年度　マスター3級　検定問題と解答・解説（100問）／5
　　多摩の地理／6
　　多摩の姿／12
　　歴史と遺産／20
　　産業と文化／39

2009年度　マスター3級　検定問題と解答・解説（99問）／57
　　多摩の姿・自然／58
　　歴史と遺産／72
　　産業と文化／94

2009年度　マスター2級　検定問題と解答・解説（100問）／111
　　多摩の姿・自然／112
　　歴史と遺産／122
　　産業と文化／145

知のミュージアム 多摩・武蔵野検定とは

★その目的は？

　この検定を通じて多摩・武蔵野のことを幅広く知り、多摩の魅力を再発見してほしい。そして「多摩が大好き」といえる人がひとりでも多く育ち、楽しみながらまちづくりに活躍していただけるようになることです。

★その内容は？

　公式テキストと模擬問題集に沿う形で、自然、地形、歴史、文化遺産、産業、文化の多摩・武蔵野に関するさまざまな事柄を出題します。

★合格すると？
①最新の専門書、学術書を有する多摩地域の大学図書館が利用可能になります。
②多摩地域の美術館、博物館、アミューズメント施設、日帰り温泉施設などの入館料・入園料が割引になります。
③合格者の集いや特別学習会などのイベントに参加できます。

　　　　お問い合わせ　多摩・武蔵野検定　事務局
　　　　　　　TEL 042-591-8542　FAX 042-591-8831

多摩・武蔵野検定　検定結果

	検定級	申込者	受検者	合格者	合格率	平均点	最高点
平成20年度	3級	1,561人	1,329人	1,044人	78.6%	77.0点	97点
平成21年度	3級	642人	539人	418人	77.6%	60.8点	92点
	2級	408人	367人	209人	56.9%	65.3点	87点

2008年度　知のミュージアム

多摩・武蔵野検定

マスター3級　検定問題と解答・解説　100問

多摩の地理

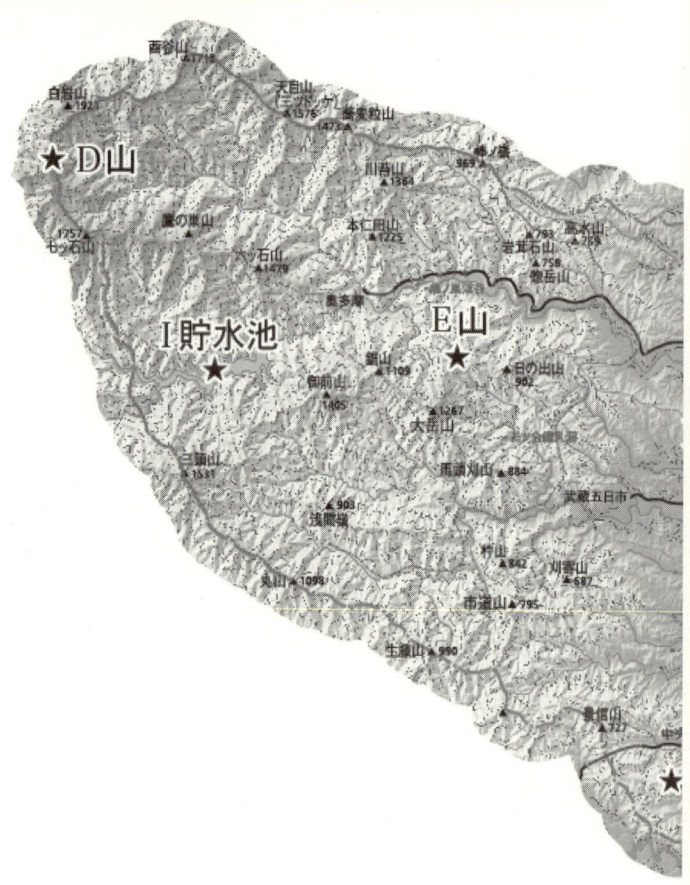

多摩・武蔵野全図

※地図内の★は設問箇所が存在する場所を示しています。
※地図中の▲は山を、数字は標高を示しています。

多摩地域の地図に関する問題です。次ページ以降にある選択肢の中から正しいと思う番号を選んでください。

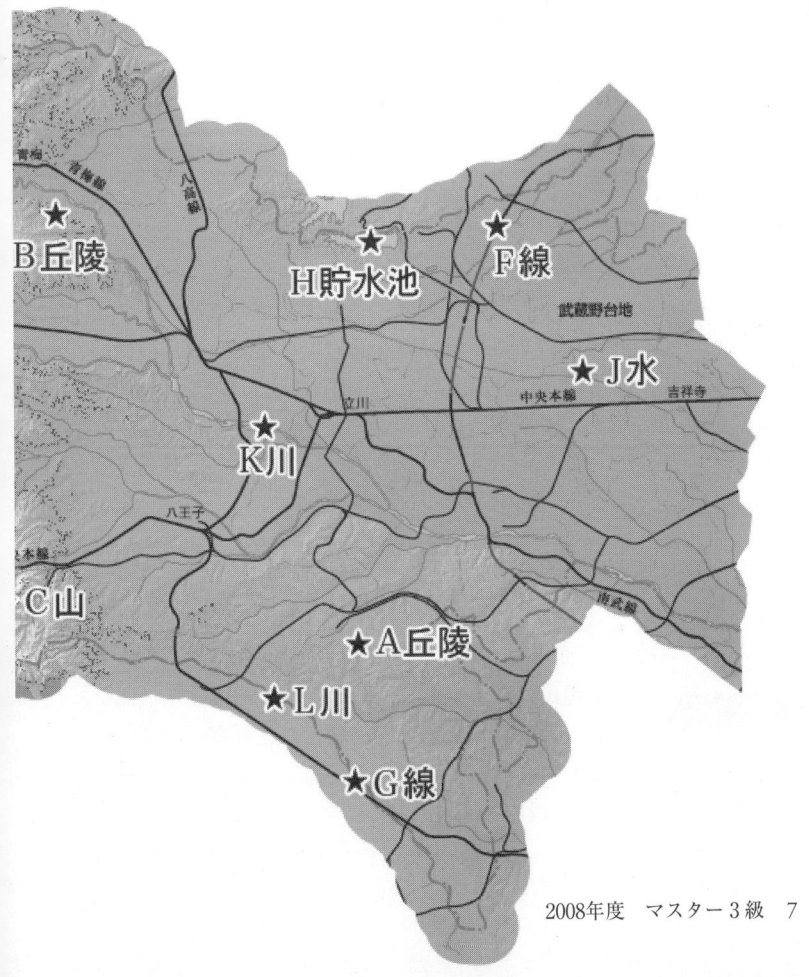

1 Aの丘陵地は何というでしょう。
　　①狭山丘陵　②草花丘陵　③多摩丘陵

解説　多摩地域の南部に位置し、八王子市の野猿峠から延びて、多摩川と境川（東京と神奈川の都県境を流れ、相模湾に注ぐ）の間に広がる丘陵は多摩丘陵である。雑木林などが多く、史跡や景勝地にも恵まれている。

　　　　　　　　　　　　　　　　　解答　③多摩丘陵

2 Bの丘陵地は何というでしょう。
　　①草花丘陵　②多摩丘陵　③狭山丘陵

解説　あきる野市の北東部、多摩川とその支流・平井川との間にある丘陵は草花丘陵である。丘陵内の浅間岳（標高235メートル）山頂近くには羽村神社（浅間神社）があり、ここの多摩川の眺望がすばらしい。

　　　　　　　　　　　　　　　　　解答　①草花丘陵

3 Cの山は何というでしょう。
　　①御岳山　②雲取山　③高尾山

解説　高尾山は標高599メートル。2007（平成19）年にフランスのミシュラン社が出版した旅行ガイドブックで三ツ星に選ばれた。動植物の宝庫であり、高尾山薬王院は修験道の道場として全国に知られている。

　　　　　　　　　　　　　　　　　解答　③高尾山

4 Dの山は何というでしょう。
　　　①高尾山　②雲取山　③陣馬山

解説　雲取山は標高2,017メートル。山頂は東京都と埼玉県、山梨県の都県境にあり都内最高峰（奥多摩町）の山である。日本近代登山の父、田部重治（たなべじゅうじ）と木暮理太郎（こぐれりたろう）がこの山域を「秩父の山」と命名した。

　　　　　　　　　　　　　　　　　解答　②雲取山

5 Eの山は何というでしょう。
　　　①鷹の巣山　②御岳山　③陣馬山

解説　青梅市にある御岳山は標高929メートル。秩父多摩甲斐国立公園の表玄関に位置する山岳信仰の山。山頂にある武蔵御嶽神社をはじめ、綾広（あやひろ）の滝やロックガーデンなど見どころが多い。

　　　　　　　　　　　　　　　　　解答　②御岳山

6 Fの路線は何というでしょう。
　　　①JR武蔵野線　②JR横浜線　③西武拝島線

解説　清瀬市、東村山市、小平市、国分寺市、府中市、稲城市を通るFの路線はJR武蔵野線。貨物線として開業していた路線のうち、府中本町駅—新松戸駅間が1973（昭和48）年開業。5年後、新松戸駅—西船橋駅間が延伸した。府中本町からは貨物線となり、鶴見まで運行している。

解答 ①JR武蔵野線

7 Gの路線は何というでしょう。
　　　①西武拝島線　②JR武蔵野線　③JR横浜線

解説　八王子駅と東神奈川駅（神奈川県横浜市）を結ぶJR横浜線は1908（明治41）年、私鉄「横浜鉄道」として開業し、1917（大正6）年に国有化された。開業当時は八王子などで生産された生糸を横浜に運ぶことを目的としていた。

解答　③JR横浜線

8 Hの貯水池は何というでしょう。
　　　①村山貯水池　②小河内貯水池　③山口貯水池

解説　東大和市にあり、通称・多摩湖と呼ばれている村山貯水池は、1924（大正13）年完成の上池と1927（昭和2）年完成の下池に分かれ、近くには遊園地や桜並木などがある自然公園に恵まれている。隣接する山口貯水池（通称・狭山湖＝埼玉県所沢市）も都民の水がめとして東京都水道局が管理している。

解答　①村山貯水池

9 Ｉの貯水池は何というでしょう。
　　　①小河内貯水池　②山口貯水池　③村山貯水池

解説　通称・奥多摩湖と呼ばれる小河内貯水池は1957（昭和32）年、多摩川を小河内ダムによって堰止め

てつくられた。ダム完成当時、東京都の水源は主に多摩川水系だったが、現在は約80%を利根川水系に依存している。しかし、東京都の独自水源として、利根川水系の渇水時や事故時には放水量を増やし、安定給水の確保に重要な役割を果たしている。

解答　①小河内貯水池

10 Jの水路は何というでしょう。
　　①神田上水　②玉川上水　③砂川分水

解説　玉川上水は、多摩川の水を引いて江戸の水不足を解消しようと、幕府が玉川庄右衛門・清右衛門に命じて完成させた上水路。1654（承応3）年4月に着工、武蔵野の原野を切り開き、羽村から四谷大木戸までの約43キロメートルの新水路が同年11月に完成したといわれている。

解答　②玉川上水

11 Kの河川は何というでしょう。
　　①鶴見川　②境川　③多摩川

解説　多摩川は山梨県の笠取山を源流に、東京湾羽田沖の河口まで全長約138キロメートル。上流域は江戸時代からアユが名産として知られている。また、中流域の河原ではさまざまな種類の化石が発見されている。

解答　③多摩川

12	Lの河川は何というでしょう。
	①多摩川　②境川　③鶴見川

解説　境川は町田市の西方にある草戸山を源流とし、町田市と神奈川県相模原市との都県境を南下して流れる約52キロメートルの2級河川。片瀬江ノ島の河口付近で片瀬川と名を変え、相模湾に注ぐ。

解答　②境川

多摩の姿

多摩地域の概観について、以下の問題に答えてください。

13	2006（平成18）年時点での多摩地域の人口は 400万人を超えています。
	①○　②×

解説　東京都総務局の人口推計によれば、2006（平成18）年1月1日時点での多摩地域の人口は406万2,741人。2010（平成22）年1月1日現在は416万373人で、多摩の人口はわずかながら増えている。

解答　①○

14 武蔵村山市は清瀬市よりも西にあり、昭島市よりも南に位置しています。

① ○　② ×

解説　武蔵村山市は清瀬市の西、昭島市の北に位置している。面積は15.37平方キロメートル、人口は2010（平成22）年1月現在7万1,304人。

解答　② ×

15 狭山丘陵は、宮崎駿のアニメ映画『となりのトトロ』の舞台となったといわれたことから、「トトロの森」の名でも親しまれています。

① ○　② ×

解説　狭山丘陵は埼玉県と東京都の都県境に広がる、島のように独立した丘陵地で、古くから西武グループが西武園ゆうえんちなどレジャー開発を行ってきた。一方で、同丘陵の狭山湖や多摩湖周辺は水源保護林であったため、広域に自然が残っている。八国山あたりが『となりのトトロ』のモデルになったといわれている。

解答　① ○

16 フランスのミシュラン社が出した旅行ガイドブックで三ツ星に選ばれた山は高尾山です。

① ○　② ×

解説 高尾山は2007（平成19）年にフランスのミシュラン社が出版した旅行ガイドブックで三ツ星に選ばれた。日本の山で三ツ星が付いたのは富士山と高尾山の二つのみ。高尾山は都心から近く、植生が豊かで野鳥や昆虫などが数多く生息している。

解答　①○

17 昭島市域の多摩川では、マンモスの全身骨格がほぼ完全な形で発見されました。

①○　②×

解説 昭島市域の約160万年前の地層から全身骨格の化石が発見されたのはヒゲクジラの仲間。全長が約16メートルあり、アキシマクジラと名付けられた。現在、化石は国立科学博物館新宿分館に保管されているが、骨の一部は昭島市役所1階ロビーに展示されている。

解答　②×

18 下の写真は多摩地域の山野で見られるカタクリです。

①○　②×

解説 　カタクリはユリ科の多年草。山野に生え、3～4月に紅紫色の花を咲かせる。芽生えて花が咲くまで約7年かかる。昔は球根からデンプンをとって食用にしていた。

解答　①○

19 多摩丘陵の雑木林や湧水池で姿を見られるトウキョウサンショウウオは、開発などによる環境悪化の影響で、絶滅が心配されています。

①○　②×

解説 　トウキョウサンショウウオは、体長8～13センチ、体重4～10グラム、体色は黒褐色か黄褐色。丘陵地や低山地帯の雑木林に棲み、普段は落ち葉の下にいて昆虫を食べる。2～3月の産卵期には湧水の止水池などに集まり、水中に産卵する。

　近年、開発による生息地の破壊、水質汚染など自然環境の悪化で生息数が激減。環境省編纂の「日本版レッドデータブック」で、「絶滅の恐れのある地域個体群」に挙げられている。

解答　①○

20 多摩地域の寺社には巨樹が多いですが、武蔵御嶽神社（青梅市）の参道には国の天然記念物に指定されている「神代ケヤキ」があります。

①○　②×

解説 　「神代ケヤキ」は幹周りが8.2メートル、樹高が約30メートルあり、国の天然記念物に指定されてい

る。地元では「日本武尊東征の昔から生い茂っていた」という、言い伝えもある。推定樹齢は1,000年とも680年ともいわれている。

解答　①○

21 「国立」の名前の由来は、立川の「立」と国分寺の「国」をとって名付けられました。

①○　②×

解説　大正時代末期、当時の中央線下りは国分寺駅の次が立川駅だった。箱根土地株式会社によって谷保村北部の山林が開発された際、国分寺と立川の真ん中に駅をつくることになり、両方の駅の頭文字をとって、「国立」という名前の駅ができた。

1951(昭和26)年、谷保村は国立町となり、1967(昭和42)年、市制が施行されて国立市になった。面積8.15平方キロメートル、人口は2010(平成22)年1月現在7万4,403人。

解答　①○

22 武蔵野台地は、野川がつくった扇状地です。

①○　②×

解説　武蔵野台地を形成したのは古多摩川。昔の多摩川は今より北側を西から東へ流れていたと考えられている。関東山地から関東平野に出る青梅市付近が扇頂部であり、度々、流路を変え、浸食と堆積を繰り返しながら現在の武蔵野台地が形づくられた。

解答　②×

23 多摩地域にはいくつの自治体があるでしょう。
　①25市5町1村　②27市2町1村
　③28市4町1村　④26市3町1村

解説　多摩地域は現在、30の市町村で構成されている。そのうち市は武蔵野市、三鷹市、小金井市、国立市、国分寺市、府中市、調布市、狛江市、昭島市、青梅市、羽村市、福生市、あきる野市、八王子市、日野市、町田市、多摩市、稲城市、立川市、小平市、西東京市、清瀬市、東大和市、東村山市、東久留米市、武蔵村山市の26市である。町は日の出町、瑞穂町、奥多摩町の3町。村は檜原村のみ。

解答　④26市3町1村

24 多摩地域の中で一番新しく誕生した自治体はどこでしょう。
　①あきる野市　②西東京市　③羽村市　④稲城市

解説　多摩地域で一番新しい自治体は西東京市。2001(平成13)年1月21日、田無市と保谷市が合併して西東京市となった。市の名称は、「ひばり市」(ひばりが丘団地から)「けやき野市」「北多摩市」「みどり野市」「西東京市」の5つの候補から、市民の投票によって「西東京市」に決定した。

　あきる野市は1995(平成7)年、秋川市と五日市町が合併して誕生した。羽村市は1991(平成3)年、稲城市は1971(昭和46)年、いずれも町から市になった。

解答　②西東京市

25 国分寺市の日立製作所中央研究所内を源に、多摩川へ注ぐ川は何というでしょう。
　　①浅川　②残堀川　③野川　④黒目川

解説　日立製作所中央研究所内を源流とし、小金井市、調布市、三鷹市などを経て多摩川へ注ぐ川は野川。野川の流域では旧石器時代の遺跡が数多く発見されている。多摩南部とともに、この流域では古くから人々が生活を営んでいた。

　　　　　　　　　　　　　　　　　　　　解答　③野川

26 市域が多摩ニュータウンに属さない市はどこでしょう。
　　①町田市　②八王子市　③日野市　④稲城市

解説　多摩ニュータウンは多摩市、八王子市、稲城市、町田市にまたがっている。過密都市・東京の住宅事情を緩和するため、多摩丘陵に東西15キロメートル、南北2～4キロメートル、広さ約3,000ヘクタールという、当時日本最大のニュータウンとして計画された。1965(昭和40)年12月に都市計画決定され、その6年後に第一次入居が始まった。

　　　　　　　　　　　　　　　　　　　　解答　③日野市

27 2006(平成18)年時点で、多摩地域にあるJRの駅で1日の平均乗降客数が一番多い駅はどこでしょう。
　　①国分寺駅　②八王子駅　③立川駅　④吉祥寺駅

解説 　多摩地域にあるJRの駅の2006（平成18）年度の1日平均乗降客数は、立川駅15万2,974人、吉祥寺駅14万155人、国分寺駅10万4,866人、八王子駅8万1,403人の順。なお、2008（平成20）年度の1日平均乗降客数は立川駅15万8,123人、吉祥寺駅14万3,178人、国分寺駅10万7,847人、八王子駅は8万2,395人で、順位は変わらない。いずれの駅も乗降客数が増加している。

解答　③立川駅

28　奥多摩町にある奥行き約800メートルで関東随一の規模を誇る鍾乳洞はどこでしょう。
　　①日原鍾乳洞　②大岳鍾乳洞
　　③三ツ合鍾乳洞　④養沢鍾乳洞

解説 　奥多摩町の北西部、多摩川の支流・日原川の小川谷の左岸にある日原鍾乳洞は関東随一の規模を誇る鍾乳洞。秩父多摩甲斐国立公園に属し、東京都の天然記念物に指定されている。

　江戸時代は一石山大権現と呼ばれる修験道場だった。洞内の気温は年間を通じて11度。白衣観音やガマ岩、水琴窟など自然の造形が楽しい。

解答　①日原鍾乳洞

29　国の天然記念物で、枝が垂れた形の変種のアカシデがあるのはどこでしょう。
　　①高幡不動尊（日野市）　②大國魂神社（府中市）
　　③武蔵御嶽神社（青梅市）　④幸神神社（日の出町）

解説 　日の出町にある幸神(さぢかみ)神社のシダレアカシデは国内で唯一、枝が垂れた変種のアカシデで国の天然記念物に指定されている。樹齢700年以上と伝えられ、幹周り2.1メートル、樹高5.8メートル。

　　　　　　　　　　　　　解答　④幸神神社(日の出町)

---

30 高尾山で生息が確認されていない生物はどれでしょう。
　①ニホンカモシカ　②イタチ　③サンショウウオ　④テン

解説 　高尾山は、599メートルの低山だが、ここに生息する昆虫類は約4,000種、野鳥は約100種、哺乳類は29種が確認されている。イタチやテン、ムササビ、キツネ、タヌキ、コウモリ、ニホンリスなどが棲みついている。サンショウウオも確認されている。しかし、ニホンカモシカは確認されていない。

　　　　　　　　　　　　　解答　①ニホンカモシカ

歴史と遺産

31 奈良時代に成立した律令国家において、武蔵国は、現在の埼玉県のほぼ全域、隅田川以東と島しょ部を除く東京都のほぼ全域、さらに川崎市と横浜市の大部分を占めていました。
　　　　　(※この問題は検定試験後、加筆しました)
　　①○　②×

解説 　武蔵国は現在の埼玉県のほぼ全域、隅田川以東と島しょ部を除く東京都と、川崎市、横浜市の大部分

を占めていた。国府を府中に置いた武蔵国は21郡に分けられ、そのひとつが多摩郡で、国府が所在する郡として武蔵国の政治や文化の中心を担っていた。この武蔵国多摩郡は現在の多摩地域の原型にあたる。

解答　①〇

32 徳川家康は、多摩を江戸防衛の地として重要視し、その守りのために八王子千人同心を配置しました。

①〇　②×

解説　1590(天正18)年8月1日、江戸城に入った徳川家康は、北条氏に代わって新しい関東の支配体制を確立していくため、八王子に軍事・民政の拠点を置いた。まず江戸防衛の一環として、甲州口の防備と北条氏の旧臣の不穏な動きを警戒するため、甲斐武田氏の旧臣で徳川氏の家臣となっていた小人頭9人とその同心248人を落城直後の旧八王子城に駐屯させた。これが千人同心の始まりである。

関ヶ原の戦いを控えた1600(慶長5)年1月には新たに浪人や有力農民を集めて同心とし、1組100人、10組1,000人からなる八王子千人同心を設置し、軍事的な役割を担わせた。

解答　①〇

33 江戸幕府のもっとも重要な関所のひとつで、箱根(現神奈川県足柄下郡箱根町)、碓氷(現群馬県安中市)とともに三大関所と呼ばれていたのは、小仏関所(現八王子市)です。

①〇　②×

解説 　小仏関所は箱根、碓氷とともに三大関所と呼ばれ、江戸幕府のもっとも重要な関所のひとつだった。最初は八王子千人同心や関東十八代官の手代が交替で警備にあたっていたが、1641（寛永18）年からは関所番が任命され、その任についた。「入り鉄砲に出女」について厳しく取り締まった。

　小仏関所は1868（明治元）年に廃止され、跡地はその後、国史跡に指定された。

解答　①○

---

34 関東を支配する代官を八王子町に集住させ、大岡越前守（忠相^{ただすけ}）に統括させました。

①○　②×

解説 　江戸初期の八王子町には周辺から落武者や野武士などが集まってきて騒乱に及ぶようなこともあったので、関東を支配する代官を八王子町（現・八王子市）に集住させ、江戸幕府の代官頭であった**大久保長安**^{ながやす}に統括させた。

　大久保長安は甲斐武田氏の家臣だったが、武田氏滅亡後は徳川氏に仕え、江戸幕府の政治・財政基盤の拡充に大きな役割を果たした。多摩地域では、八王子町の建設や青梅成木の白壁用石灰を江戸城に運ぶため、青梅街道を整備している。

解答　②×

---

35 下連雀村（現三鷹市）は明暦の大火で被害を受けた神田連雀町（現千代田区）の住民が移り住んで開いた村です。

①○　②×

解説 1657（明暦3）年に起きた明暦の大火で多くの江戸市民が被災した。幕府は翌1658年、神田連雀町（現神田須田町）の土地を火よけ地として没収。立ち退いた住民たちが集団で武蔵野に入植した。彼らは土地を開墾し、下連雀村を開いた。

また、吉祥寺村（現武蔵野市）は本郷元町（文京区）にあった吉祥寺の門前町住民が1659（万治2）年に入植して開いた村である。

解答　①○

---

36 多摩川・秋川流域の村々では鮎を江戸幕府に上納していました。

①○　②×

解説 多摩川およびその支流の秋川は水質、水勢、流量ともに鮎の成育に最適で、多摩川中流や秋川流域の村々は「御菜鮎」「御用鮎」「献上鮎」などと呼び、幕府に献納していた。

その後、堰が建設されてアユの遡上が妨げられたことや水質汚染の影響でアユは姿を消したが、近年戻ってきている。

解答　①○

---

37 江戸の飲料水の需要が増えたので、多摩川の水を江戸に引くために玉川上水が開削されました。

①○　②×

解説 江戸が発展するにつれ、それまでの井の頭池を水源とする神田上水では江戸の水需要に応えられなく

なった。そのため幕府は多摩川の水を江戸に引いて飲料水にすることを計画。玉川庄右衛門・清右衛門に命じて1654（承応3）年、取水口の羽村から四谷大木戸までの約43キロメートルの新水路を完成させた。これが玉川上水である。

　この玉川上水の通水によって武蔵野の開発は促進された。

解答　①○

38　下の絵は、武蔵野台地の村落で行われていた炭生産の様子を描いたものです。

①○　②×

解説　写真は『江戸名所図会』に描かれた「国分寺村炭がま」の様子。多摩の森林は江戸にとって必要不可欠な存在で、林業と製炭業が栄えた。

　檜原村では室町時代から炭の生産が始まり、江戸前期の17世紀半ばには江戸の武家屋敷への暖房用の木炭として出荷された。江戸市中での需要は年々増し、1789（寛政元）年の出荷量は約13万5,000俵

に達した。

解答　①○

39 写真の人物は自由民権運動の中で政治結社「自治改進党」を結成した吉野泰三です。
　①○　②×

解説　写真は自由民権運動の中心的指導者の一人、石阪昌孝。1881（明治14）年に政治結社「融貫社」を設立した。吉野泰三は石阪と同い年で、天然理心流の剣術を学び、近藤勇の婿養子勇五郎と親交を結んだ。両者とも、神奈川県会議員を務めた。

解答　②×

40 武蔵国の国府は、現在のどの自治体に置かれていたでしょう。
　①国立市　②調布市　③八王子市　④府中市

解説　武蔵国は、現在の埼玉県のほぼ全域、隅田川以東と島しょ部を除く東京都と、川崎市と横浜市の大部分を占めていた。武蔵国は21郡に分けられ、そのうちの多摩郡は現在の多摩地域の原型にあたる。

国を治める役所の地は「国府」と呼ばれ、武蔵国府は現在の府中市に置かれた。多摩郡は国府が所在する郡として武蔵国の政治や文化の中心を担っていた。

解答　④府中市

---

41 中世武士団の武蔵七党のうち、多摩郡周辺に拠点を持っていた武士団はどれでしょう。
　　①猪俣党　②児玉党　③丹党　④横山党

解説　武蔵七党は武蔵国に本拠を置く中小武士団の総称。平安時代後期以降、小領主たちが血縁や婚姻を通じて武士団を形成した。横山、猪俣、野与、村山、西、児玉、丹が武蔵七党と限らず、野与や村山の代わりに私市や都築（綴）を入れて七党とする説もある。

多摩地域を拠点としたのは横山党、村山党、西党。横山党は横山荘（現八王子市付近）を本拠とし、多摩丘陵一帯を中心に相模、甲斐などに勢力を広げた。

猪俣党、児玉党、丹党、野与党は多摩地区以外（秩父、児玉、大里、比企、埼玉、足立、入間郡など）を活躍の場としていた。丹党は、そのうち主に秩父、児玉、入間郡で活躍した。

解答　④横山党

---

42 1156（保元元）年に京都で起こった「保元の乱」の主力部隊だった武蔵の武士団を率いたのは誰でしょう。
　　①源義朝　②新田義貞　③足利尊氏　④平将門

解説　「保元の乱」は崇徳上皇、藤原頼長らの上皇派と後白河天皇、源義朝らの天皇派が京都で戦った内乱。武蔵武士は義朝に率いられ、主力部隊として活躍した。

その後、一時的に平氏政権下に置かれたが、1180（治承4）年、源頼朝が挙兵すると頼朝に帰順した。

解答　①源義朝

43 新田義貞の鎌倉攻めの際、多摩地域で行われた合戦の場所はどこでしょう。
①小手指原　②分倍河原　③高幡　④立川

解説　足利尊氏が京都における幕府の拠点・六波羅探題を攻撃したのに呼応し、上野国新田では新田義貞が幕府打倒の旗揚げをした。新田軍は鎌倉街道を南下し、鎌倉から北上する北条軍と分倍河原（府中市）で合戦した。

分倍河原は武蔵国府の周縁部にあたり、国府と多摩川の防衛線をめぐる争奪戦と考えられる。初日は新田軍がいったん退いたが、翌未明に三浦氏の援軍を得て奇襲作戦に出た新田軍が勝利した。JR南武線、京王線の分倍河原駅近くには新田義貞像や古戦場碑が建っている。

解答　②分倍河原

44 多摩地域を南北に通り、新田義貞の鎌倉攻めなどに使われた街道はどこでしょう。
①甲州街道　②鎌倉街道　③青梅街道　④小金井街道

解説 　多摩地域を南北に走るのは**鎌倉街道**。上野国新田で旗揚げした新田義貞の軍は**鎌倉街道**を南下し、北条軍は北上した。両軍は小手指原(所沢市)、久米川(東村山市)などで合戦し、分倍河原(府中市)、関戸(多摩市)で決戦。新田軍はこれに勝利して鎌倉に突入し、鎌倉幕府を討った。

　　　　　　　　　　　　　　　　　　　解答　②鎌倉街道

---

45 室町時代から戦国時代にかけて活躍し、守護代を務め、高月城(八王子市)や滝山城(八王子市)を築いたのは誰でしょう。
　①北条氏　②三田氏　③大石氏　④上杉氏

解説 　大石氏は関東管領で武蔵国守護代を歴任した山内上杉氏の家臣として、信重・憲重が武蔵国守護代の職を継ぎ、武蔵国の行政と軍事に関わった。

　戦国時代には顕重・定重・定久(道俊)が高月城、滝山城を本拠に、現在の八王子、府中、あきる野、所沢、飯能の各市にまたがる広い地域を支配した。道俊の時に北条氏康の子で、後の小田原城主北条氏政の弟・氏照を養子に迎え、家督と領地を北条氏に譲った。

　　　　　　　　　　　　　　　　　　　解答　③大石氏

---

46 1590(天正18)年、前田・上杉連合軍に攻められ、北条氏滅亡の舞台になった城はどこでしょう。
　①勝沼城(青梅市)　②滝山城(八王子市)
　③深大寺城(調布市)　④八王子城(八王子市)

解説 　北条氏は1569(永禄12)年に滝山城を武田信玄に攻められたが、信玄の目的が小田原城だったため、

落城を免れた。その後、より守りやすい八王子城の築城を開始した。

しかし、1590年、豊臣秀吉の関東侵攻のなかで、前田利家、上杉景勝らの連合軍に攻められ、八王子城はわずか1日で炎上、落城した。

解答　④八王子城（八王子市）

---

47 多摩地域の「馬市」から、関ヶ原の戦いや大坂の陣に軍馬が調達されていたといわれていますが、その馬市が開かれていたのは現在のどの自治体でしょう。
　　①府中市　②青梅市　③八王子市　④あきる野市

解説　江戸時代に馬市が開かれていたのは府中市。関東武士が力を持つとともに軍馬の育成が盛んとなり、武蔵国の国府があった府中で馬市が行われ、良馬を多数産出した。

関ヶ原の戦いで石田三成を倒し、大坂の陣で豊臣氏を滅ぼした徳川家康は慶長年間、大國魂神社の社殿の造営の際、馬場を寄進し、馬場振興に努めた。馬市は江戸幕府の保護下に置かれ、毎年、馬市のたびに馬を買う役人を派遣した。

解答　①府中市

---

48 駿府で亡くなった徳川家康の棺を日光に移す際に通った村は何村でしょう。
　　①高幡村（現日野市）　②館村（現八王子市）
　　③小野路村（現町田市）　④吉祥寺村（現武蔵野市）

解説 　　鎌倉みちは、幕府があった鎌倉から武蔵国府があった府中を通り、上州・高崎へと続いていた。家康の棺を日光に移す際、小野路村の小野路宿の街道が整備された。この道は「御尊櫃御成道(ごそんひつおなりみち)」と呼ばれ、東海道平塚宿と甲州街道府中宿を結ぶ脇道として賑わった。大山詣での道でもあった。

　　　　　　　　　　　　　　　　解答　③小野路村(現町田市)

49 江戸時代初めに、江戸城や江戸市中の建築資材に使用された石灰が運ばれていた街道はどれでしょう。
　　①甲州街道　②青梅街道　③小金井街道　④五日市街道

解説 　　青梅街道は江戸城改修に必要な白壁用の石灰を青梅の成木・小曽木から輸送するため、大久保長安によって整備された。1657(明暦3)年の明暦の大火後、江戸市中では石灰を原料とする漆喰壁が防火壁として使用されるようになった。このため、江戸で石灰の需要が急増し、石灰を輸送するのに青梅街道が利用された。

　　　　　　　　　　　　　　　　　　　解答　②青梅街道

50 青梅街道の成立とともに沿道には宿場が設置されましたが、宿場間の距離が18キロメートルあり、人馬の往来に支障があるとの理由で開かれた村はどこでしょう。
　　①中野村(現中野区)　②箱根ヶ崎村(現瑞穂町)
　　③新町村(現青梅市)　④小川村(現小平市)

解説 　　青梅街道は内藤新宿(新宿区)から武蔵野を横断し、約44キロメートルの行程で青梅宿に至り、さら

に奥多摩の山間から大菩薩峠を越えて甲斐国に達する道であった。青梅市成木の石灰を運ぶ道として開かれたが、後に絹織物や青梅縞などが運搬され、御岳山への参詣の道としても利用された。

　途中の宿継場は中野村、田無宿、小川村、箱根ヶ崎宿、新町村など。小川村は玉川上水の開削に伴って開かれた新田村で、田無—箱根ヶ崎間が18キロメートルあり、人馬の往来に支障があるとの理由で開かれた。

　　　　　　　　　　　　　　解答　④小川村（現小平市）

---

51 江戸市民の飲料水を確保するため、井の頭池を水源とする神田上水を整備したといわれる人物は誰でしょう。
　　①大久保主水（もんと）　②大久保長安
　　③遠山金四郎　④玉川庄右衛門

解　説　幕府御用達の菓子司をしていた大久保忠行（通称・藤五郎）は、浄水を求めた徳川家康に井の頭池の水を献上したところ喜ばれ、井の頭池の水を江戸に引くよう命じられた。

　忠行は武蔵野最大の遊水池である井の頭池を源に、池から流れ出る流路を利用して神田小川町あたりまで、3カ月という短期間で上水路を開削した。これが神田上水の始まりである。この功績により、家康から「主水（もんと）」という名を賜った。

　　　　　　　　　　　　　解答　①大久保主水（もんと）

52 享保の改革期に武蔵野新田の経営を安定させるため、農民から新田世話役に登用された人物は誰でしょう。
　　①吉野織部之助　②田中休愚（きゅうぐ）
　　③小川九郎兵衛　④川崎平右衛門

解説　1723（享保8）年に武蔵野で新田開発が始まったが、当初は新田の生産性が低く、凶作に見舞われることもあった。新田世話役に登用された押立村（府中市）の名主・川崎平右衛門は井戸の掘削などに農民を動員。働いた農民に対しては食糧を支給し、飢饉に備えて麦・粟（あわ）・稗（ひえ）などを高値で買上げて貯穀した。

　また貧窮農民への支援も行い、その結果、新田経営は一定の軌道に乗り、のちに新田村の繁栄がもたらされた。

　　　　　　　　　　　　　　　　　　解答　④川崎平右衛門

53 幕末期、多摩地域の農民の間に広まった剣術で、近藤勇が四代目宗家を継いだ剣術はどれでしょう。
　　①北辰一刀流　②天然理心流
　　③神道無念流　④甲源一刀流

解説　幕末、海防問題や治安の悪化、さらに尊王攘夷運動の高まりのなかで、多摩の農民の間では天然理心流を習うことが広まった。天然理心流は棒術や柔術も取り入れた総合的な格闘武術で、実践的な剣法だった。

　武州多摩郡上石原村（調布市上石原）の豪農・宮川久治郎は自宅に道場を建て、天然理心流三代目の近藤周助を招いて剣術を習った。久次郎の三男・勝五郎は周助の養子になって四代目宗家を継い

だ。これが近藤勇である。

　　　　　　　　　　　　　　　　　解答　②天然理心流

54 新選組の副長として活躍した土方歳三の出身地はどこでしょう。
　　①調布市　②府中市　③日野市　④町田市

解説　土方歳三の生家は日野市石田にあり、土方歳三資料館として愛刀や武具、手紙や写真を公開している。高幡不動には歳三の銅像が建っている。

　墓のある石田寺（せきでんじ）では5月11日の命日にちなんで毎年5月第2日曜日に「歳三忌」が営まれる。女性も含め、若者の姿が多く、年間を通して献花が絶えない。

　　　　　　　　　　　　　　　　　解答　③日野市

55 1870（明治3）年におこった御門訴事件で、農民たちが門訴を実行した役所はどこでしょう。
　　①小菅県　②東京府　③神奈川県　④品川県

解説　1869（明治2）年、「武蔵県」は3分割され、西南部に品川県が置かれた。多摩では現在の武蔵野市、三鷹市、狛江市、西東京市、調布市、府中市、国分寺市などが品川県に含まれた。

　明治新政府の「凶荒を予防」という布告に対し、品川県知事は村々に厳しい社倉積み立てを命じた。武蔵野新田の農民は強く反発し、2度の嘆願書を提出したが聞き入れられず、翌年1月10日、農民たちは日本橋にあった品川県の仮庁舎へ行き、門訴を実行した。

県は51人を逮捕し、拷問で獄死者が出た。

解答　④品川県

---

56 自由民権運動が盛んだった多摩地域で、全204条からなる五日市憲法草案を起草したのは誰でしょう。
　①石阪昌孝　②千葉卓三郎　③北村透谷　④植木枝盛

解説　戊辰戦争で敗軍の兵となった仙台藩士・千葉卓三郎は各地で思想と宗教の遍歴を経て、五日市勧能学校（現あきる野市立五日市小学校）の教員となった。

明治維新後、日本各地で自由民権運動が広がり、五日市でも民権結社学芸講談会が組織され、徹底討論するなかで五日市憲法草案が生まれた。

解答　②千葉卓三郎

---

57 大正末、多摩川畔に再建された「万葉歌碑」はどこにあるでしょう。
　①稲城市　②狛江市　③調布市　④府中市

解説　現在、狛江市中和泉4丁目にある万葉歌碑は、1924（大正13）年に再建されたもの。高さ2.7メートル。「多摩川に　さらす手作り　さらさらに　何そこの児の　ここだ愛しき」（万葉集）と刻まれている。

最初の歌碑は、1805（文化2）年に猪方村（現・狛江市）の多摩川に近いところに建立されたが、1829（文政12）年の多摩川の洪水で流失した。1922（大正11）年に歌碑の拓本（復刻）が見つかり再建された。

解答　②狛江市

58 1927（昭和2）年に開園し、プール、ベビーゴルフや屋内遊戯施設などを備えた「京王閣」があったのはどこでしょう。
　①府中市　②調布市　③日野市　④多摩市

解　説　1927（昭和2）年、京王電気軌道によって調布市（当時は調布町）に多摩川原遊園「京王閣」が開園した。プール、テニスコート、ベビーゴルフなどの屋外施設とともに、雨天でも遊べる屋内遊戯施設「京王閣」を設けた。京王閣には、娯楽場、食堂、ローマ風の浴場などがあった。現在は京王閣競輪場になっている。

解答　②調布市

59 1923（大正12）年の開園後、利用者数が低迷していた多磨霊園（府中市）は、1934（昭和9）年にある人物が埋葬されたことで急速に利用者が増えました。この人物は誰でしょう。
　①与謝野晶子　②長谷川町子　③東郷平八郎　④内村鑑三

解　説　1923（大正12）年4月、多磨墓地は日本初の公園墓地として開園した。開園後しばらくは利用者数が伸び悩んだが、1934（昭和9）年に東郷平八郎元帥海軍大将が名誉霊域に埋葬されたことがきっかけで、利用者が急増した。1935（昭和10）年に多磨霊園と改称された。

多磨霊園には北原白秋、与謝野晶子、岡本太郎、三島由紀夫、菊池寛ら多くの著名人が眠っている。

解答　③東郷平八郎

60 1945（昭和20）年7月8日、品川区から疎開してきた国民学校4年生の男児が空襲で亡くなりました。彼を悼んだ「ランドセル地蔵」が建てられた相即寺はどこにあるでしょう。
　　①八王子市　②立川市　③日野市　④三鷹市

解説　1945年になると米軍が日本本土への爆撃を本格化し、同年2月には空母艦載の小型機が、4月からは陸軍戦闘機が爆撃・銃撃を繰り返した。その際、八王子市元八王子町に疎開していた品川区立原国民学校4年生の神尾明治君が亡くなり、その死を嘆いた母親は八王子市泉町の相即寺境内にある地蔵のなかから、我が子によく似た地蔵に息子のランドセルを背負わせた。これをもとに1985（昭和60）年、相即寺の地蔵堂の前に「ランドセル地蔵」が建てられた。

　　　　　　　　　　　　　　　　　　　　解答　①八王子市

61 東大和市が戦争遺跡として1995（平成7）年に文化財に指定した変電所は、どの軍需工場のものでしょう。
　　①日立航空機　②中島飛行機
　　③立川飛行機　④昭和飛行機工業

解説　壁に無数の銃弾跡が残る変電所は、1938（昭和13）年に建設された東京瓦斯電気株式会社（通称「瓦斯電」）立川工場の変電施設で、後に日立航空機株式会社立川工場の変電所として利用されていた。1945（昭和20）年、米軍の大規模な攻撃を2度も受け、機銃掃射や破裂した爆弾の破片によって壁面に無数の穴があいた。

　戦後、この変電所は取り壊される予定だったが、貴重な歴史資料

を残そうという市民運動によって保存されることになり、1995（平成7）年、東大和市の史跡に指定された。戦災遺跡としては数少ない文化財指定物である。

解答　①日立航空機

62 1952（昭和27）年、教育上好ましくない業種の進出を規制する「文教地区」の指定を東京で初めて受けたのは、現在のどの自治体でしょう。
①小平市　②国立市　③武蔵野市　④立川市

解　説　1950（昭和25）年に朝鮮戦争が勃発。基地があった立川市に多数の米兵が進駐してきたため、隣の国立市（当時は国立町）にも米兵相手の簡易旅館や飲食店などが出現した。そこで、環境を守ろうとする市民や学生が東京都文教地区建築条例の指定を目指して運動を展開。経済的発展のためには文教地区指定は障害になるという反対派との間で大論争が起こった。

結局、町議会は文教地区指定を議決し、都に申請。1952（昭和27）年、文教地区の指定を受けた。これは、その後の国立のまちづくりの方向を市民が決定づける住民自治の先駆的事例となった。

解答　②国立市

63 室町時代に建立された都内唯一の国宝建造物である正福寺地蔵堂がある自治体はどこでしょう。
①東村山市　②東久留米市　③町田市　④日の出町

解　説　東村山市にある正福寺地蔵堂は都内唯一の国宝建造物。鎌倉の円覚寺舎利殿とともに唐様建築の代表

的な建物とされる地蔵堂は、室町時代の建立と推定されている。堂内には小地蔵尊像がたくさんあり、千体地蔵堂とも呼ばれている。

解答　①東村山市

64 1968(昭和43)年当時、国内最大の住宅開発が始まって、縄文時代の遺跡が1,000カ所近く出土したのはどこでしょう。
①多摩平団地　②鶴川団地
③多摩ニュータウン　④牟礼団地

解　説　過密都市東京の住宅事情を緩和するため、1965(昭和40)年12月、**多摩ニュータウン**建設計画が正式決定された。その前年、民間の研究団体がニュータウンの事業地内を踏査し、建築予定地域内に123カ所の遺跡があると発表。東京都教育委員会は同年9月に多摩ニュータウン遺跡調査会を発足させ、最初に分布調査を行い、243カ所の遺跡を確認した。調査が進むに従って遺跡の数が増え、964カ所の遺跡が確認された。

解答　③多摩ニュータウン

65 道路や公園など配置に奥行きがある多摩ニュータウンで映画やドラマが撮影されます。次の作品で多摩ニュータウンが舞台でないものはどれでしょう。
①『毎日が夏休み』　②『定年ゴジラ』
③『どこまでもいこう』　④『踊る大捜査線』

解　説　『毎日が夏休み』は大島弓子の漫画、『定年ゴジラ』は重松清の小説が原作、『どこまでもいこう』は塩田明彦監督が描いた青春映画で、いずれも多摩ニュータウンが舞台

になっているといわれている。

　織田裕二主演の『踊る大捜査線』は、お台場が舞台になっている。

　　　　　　　　　　　　　　　　　　解答　④『踊る大捜査線』

産業と文化

66 戦争中、多摩地域に集積していた航空機産業を支えていた技術者は、終戦によりさまざまな分野に転出し、日本の高度成長を支えました。自動車産業はその中でも代表的な産業分野です。
　　　　　　　①○　②×

解説　戦後、日本の航空機産業は禁止され、技術者はさまざまな分野に転出した。そのひとつが自動車産業で、多摩で生産を始めた日野自動車やプリンス自動車工業にも技術者が転出した。

　　　　　　　　　　　　　　　　　　解答　①○

67 1960（昭和35）年ごろ、八王子や青梅の織物業は最盛期を迎えました。この時代の好調な織物業を形容する言葉として「ガチャ万、コラ千」というものがありました。
　　　　　　　①○　②×
　　　（※この問題は検定試験後、加筆しました）

解説　日本の織物業は昭和30年代までは非常に栄え、ガチャンと織れば1万円儲かるということから「ガ

チャ万景気」と言われた。「ガチャ万、コラ千」とは、取り締まりを受けて罰金を払ってもまだ儲けが残ることを表した。しかし、生活様式が和から洋に変わり、昭和40年代以降、中国から安価な輸入生糸や織物製品が入ってきたことなどから、八王子や青梅の織物業は急速に衰退した。

解答　①○

68 瑞穂町、武蔵村山市、青梅市あたりでは、江戸時代からお茶が栽培され、埼玉県産の狭山茶と区別するために「多摩狭山茶」と名付けられました。

①○　②×

解説　狭山丘陵やその周辺地域では江戸時代からお茶の栽培が盛んだった。瑞穂町、武蔵村山市、青梅市などで収穫されたお茶は、埼玉県産の狭山茶と区別するため、昭和中期に「東京狭山茶」と名付けられた。冬の寒さと「狭山火入れ」という独特の仕上げ技術によるコクと旨みが東京狭山茶の特徴である。

解答　②×

69 多摩地域には競輪場や競艇場など全国的にも名高い公営競技施設がありますが、競馬場はありません。

①○　②×

解説　府中市に日本を代表する競馬場「東京競馬場」がある。東京優駿(日本ダービー)や優駿牝馬(オークス)、天皇賞、ジャパンカップなど、日本中央競馬場(JRA)の重賞

レースが開催されている。

　東京競馬場が府中市に移転してきたのは1933(昭和8)年。同競馬場は世界最大の大型映像スクリーン「ターフビジョン」、地上9階建てのメインスタンド「フジビュースタンド」など、充実した施設を誇っている。

解答　②×

70 森林の持つ癒やしやストレス解消などの効果を活用する「森林セラピー」が注目されていますが、檜原都民の森「大滝の路」が2007(平成19)年3月に「森林セラピーロード」として認定されました。

①○　②×

解説　森林セラピーは森林の持つ癒やし効果やストレス解消効果を科学的に解明し、心と体の健康に生かそうという試み。林野庁、(社)国土緑化推進機構などで構成する「森林セラピー実行委員会」が、セラピー効果の高い森やロードを森林セラピー基地やセラピーロードとして認定している。

　檜原村にある都民の森の「大滝の路」は2007(平成19)年に森林セラピーロードとして認定された。また、奥多摩町は2009(平成21)年、森林セラピー基地に認定され、森林セラピーツアーなどさまざまなイベントを開催している。

解答　①○

71 昭和10年代、日野市の「町おこし」で誘致された企業には、吉田時計店(現オリエント時計)、六桜社(現コニカミノルタホールディングス)などがあり、後に「日野五社」と呼ばれました。残り三社に含まれない企業はどれでしょう。
①日野重工業(現日野自動車) ②横河電機
③富士電機 ④神戸製鋼所東京研究所(現神鋼電機)

解説 日野は明治時代中頃から養蚕をはじめとする農業が盛んだったが、昭和に入って恐慌に直面。農産物の価格が暴落を始めると、零細農家が多かった日野は経済危機に追い込まれた。当時の町長は大工場の誘致を進め、1936(昭和11)年の吉田時計店を皮切りに六桜社、日野重工業、富士電機、神戸製鋼所東京研究所の工場を相次いで誘致した。これを「日野五社」と呼ぶ。

解答 ②横河電機

72 2005(平成17)年時点で、製造品出荷額が多摩地域で一番多い自治体はどこでしょう。
①三鷹市 ②府中市 ③八王子市 ④日野市

解説 多摩の自治体で製造品出荷額が最も多いのは日野市。東京都の工業統計調査(2006年)によると、日野市の製造品出荷額は1兆762億9,179万円である。第2位は府中市で7,398億7,845万円。第3位は八王子市で6,345億9,264万円。2008(平成20)年の工業統計調査でも日野市が最も多く、9,376億8,934万円だった。

一方、製造業の事業所数は八王子市が最も多く、2006(平成18)年が1,305、2008年は1,254。これに対し日野市の事業所数は2006年

が195で、2008年は184。日野市には規模の大きい事業所が多いことが分かる。

解答　④日野市

73 2005（平成17）年時点で、多摩地域の製造品出荷額はどの位でしょう。
①600億円　②6,000億円　③6兆円　④60兆円

解説　東京都の工業統計調査によれば、2006年の多摩地域の製造品出荷額は市部が5兆5,109億4,266万円、町村部が3,996億4,326万円で合わせるとおよそ6兆円になる。2008年は市部が5兆1,086億8,620万円、町村部が4,753億598円で合わせて約5兆6千億円と若干減少している。

解答　③6兆円

74 三鷹市にある三鷹光器は、手術用顕微鏡の世界的なメーカーです。同社で実際に行われているユニークな入社試験はどれでしょう。
①円周率を覚える暗記問題　②そろばんでの計算問題
③模型飛行機を作る　④英語での自己紹介

解説　三鷹光器は宇宙観測機で培った技術力を応用し、医療機器や産業機器などの光学分野で世界最先端の技術を持ち、NASAやライカも一目置くという世界に冠たる企業である。ものづくりの好きな人、手先の器用な人、共に仲間として末永く働ける人を探すために、**模型飛行機を作る**試験を取り入れており、その技術力の礎となっている。

解答　③模型飛行機を作る

75 1972(昭和47)年に文部省直轄の研究機関として設立され、2008(平成20)年に品川区から立川市へ移転してきた機関はどれでしょう。
　　　①多摩繊維技術センター　②国文学研究資料館
　　　③生化学工業中央研究所　④国立国語研究所

解説　業務中核都市に指定されている立川市には国の研究機関が都心から移転している。国文学研究資料館は2008年4月に品川区から移転してきた。日本文学に関する研究情報の調査を行い、マイクロフィルムや原本の収集などを行っている。国立国語研究所は2005(平成17)年に北区から、国立極地研究所も2009(平成21)年5月に板橋区から移転してきた。

解答　②国文学研究資料館

76 世界標準時を測定し、日本標準時を定めている公的研究機関はどれでしょう。
　　　①電力中央研究所(狛江市)
　　　②国立天文台(三鷹市)
　　　③鉄道総合技術研究所(国分寺市)
　　　④情報通信研究機構(小金井市)

解説　小金井市にある情報通信研究機構は、日本標準時を決定・維持している独立行政法人。同機構が運用する18台のセシウム原子時計の時刻を1日1回平均・合成することによって協定世界時を生成し、これを9時間進めた時刻を日本標準

時と定めている。

解答　④情報通信研究機構（小金井市）

---

77 2007（平成19）年10月、JR立川駅構内に開業した商業施設の名前は何でしょう。
　　①グランベリーモール　②グランデュオ
　　③エキュート　④ザ・モール

解説　JR立川駅構内の商業施設の名前は「エキュート立川」。「エキュート（ecute）」はJR東日本グループのエキナカ（駅改札内）活性化プロジェクトで生まれた駅構内小売事業。JR東日本の子会社であるJR東日本ステーションリテイリングが経営している。2005（平成17）年にオープンした大宮駅、品川駅のエキュートに次いで、「エキュート立川」は2007（平成19）年にオープンした。

解答　③エキュート

---

78 小金井市の「ハケ」や国分寺市の「恋ヶ窪」など、武蔵野を舞台とした『武蔵野夫人』をはじめ、『レイテ戦記』『俘虜記』などの代表作がある作家は誰でしょう。
　　①遠藤周作　②大岡昇平　③山本有三　④村上龍

解説　『武蔵野夫人』は大岡昇平（1909－1988）が1950（昭和25）年に発表した作品。武蔵野の「ハケ」に住み、人妻・道子とビルマから復員してきた従弟の勉との間に芽生えた悲劇的な愛を描いた。多摩の自然描写が作品に深みを与えている。

解答　②大岡昇平

79 小河内貯水池(奥多摩湖)の建設で湖底に沈んだ村の物語を著した石川達三の小説名は何でしょう。
①『日蔭の村』 ②『四十八歳の抵抗』
③『風にそよぐ葦』 ④『流れゆく日々』

解説 　小河内ダムの建設で奥多摩の集落が湖底に沈み、945世帯、6,000人あまりが移転を余儀なくされた。石川達三が1937(昭和12)年に発表した小説『日蔭の村』には、東京市の水不足を解消ために小河内村民らが日蔭になり、故郷を追われる人々の状況がリアルに描かれている。東海林太郎の歌『湖底の故郷』もこの出来事を元につくられた歌である。

解答　①『日蔭の村』

80 下の写真は『新・平家物語』『宮本武蔵』を執筆した作家の記念館です。何という施設でしょう。

①武者小路実篤記念館(調布市)
②吉川英治記念館(青梅市)
③村野四郎記念館(府中市)
④三鷹市山本有三記念館(三鷹市)

解説 　写真は青梅市にある吉川英治記念館。1944（昭和19）年、東京・赤坂から家族とともに青梅の吉野梅郷に疎開した英治は1953（昭和28）年8月までここで生活し、代表作となる『新・平家物語』を執筆した。同記念館には原稿や掲載誌、書画などが展示されている。

　　　　　　　　　　　　　　解答　②吉川英治記念館（青梅市）

81 幼いころに岩倉使節団に随行して渡米し、後に小平市にある大学の礎となった女子のための英語塾を開いた人は誰でしょう。
　①横川楳子　②石阪美那子　③橘秋子　④津田梅子

解説 　津田梅子（1864 - 1929）は、わずか8歳で岩倉使節団に随行して渡米。帰国した後、1900（明治33）年、小平市に女子英学塾（現・津田塾大学）を開校した。行儀作法の延長のような女子高等教育が行われるなか、女子英学塾では進歩的で自由な教育を実践した。

　　　　　　　　　　　　　　　　　解答　④津田梅子

82 戦後、多摩地域で最初にできたレジャー施設はどれでしょう。
　　　　①よみうりランド（稲城市）
　　　　②多摩テック（日野市）
　　　　③東京サマーランド（あきる野市）
　　　　④サンリオピューロランド（多摩市）

解説 　多摩テックは1961（昭和36）年、オートバイで自由に走れるホンダのオートゲレンデとして開園。標高224メートルの大観覧車は日野市のランドマークにもなっていた

が、2009(平成21)年9月30日、48年の歴史に幕を閉じた。
　よみうりランドは1964(昭和39)年、東京サマーランドは1967(昭和42)年、サンリオピューロランドは1990(平成2)年にオープンした。

　　　　　　　　　　　　　解答　②多摩テック(日野市)

83 開園当時、「世界最大の屋内ドーム」を持ち、都内で初めて波の出るプールが出来たレジャー施設はどこでしょう。
　　　①東京サマーランド(あきる野市)
　　　②多摩テック(日野市)
　　　③よみうりランド(稲城市)
　　　④昭和記念公園(立川市、昭島市)

解説　あきる野市上代継に1967(昭和42)年にオープンした東京サマーランドは開園当時、世界最大の巨大な屋内ドーム、都内初の波の出るプールが話題となり、人気を博した。約130万平方メートルの広大な敷地内には、遊園地や国内でも貴重な純白のアジサイが群生している「あじさい園」がある。
　2007(平成19)年には総水路延長日本最大級(650メートル)の流れるプールが新設された。

　　　　　　　　　解答　①東京サマーランド(あきる野市)

84 1978（昭和53）年当時、国内で初めて町営の動物園として開園したのはどこでしょう。
　　　①わんにゃんワールド多摩（多摩市）
　　　②羽村市動物公園（羽村市）
　　　③高尾自然動植物園（八王子市）
　　　④町田リス園（町田市）

解説　羽村市動物公園（当時は羽村町動物公園）は1978（昭和53）年、日本で初めて町営動物園として開園した。小規模ながら親しみやすい展示で、ヒヨコやモルモットと触れ合ったり、なかよし動物園「ふれあいコーナー」でミニブタやシバヤギにエサを与えることができる。

　　　　　　　　　　　　解答　②羽村市動物公園（羽村市）

85 多摩動物公園の人気スポット「スカイウォーク」の主役の動物は何でしょう。
①チンパンジー　②コアラ　③オランウータン　④マレーバク

解説　多摩動物公園は1958（昭和33）年に開園。2005（平成17）年4月、オランウータンが遊び回れる広々とした放飼場や遊具を備えた新施設をつくり、高い木の上を渡り歩くオランウータンの優れた能力を見てもらおうと、放飼場と飛び地の間に空中施設「スカイウォーク」を設置した。全長約150メートルと世界最長級のロープをオランウータンがゆっくり移動する姿が人気を呼んでいる。

　　　　　　　　　　　　　　　解答　③オランウータン

86 「円谷幸吉と走ろう」という呼びかけで生まれた市民マラソン大会はどれでしょう。
　　　①多摩川マラソン大会　②青梅マラソン大会
　　　③奥多摩駅伝大会　④武相マラソン大会

解説　青梅マラソン大会は1967（昭和42）年、東京オリンピック銅メダリストの「円谷幸吉と走ろう」という呼びかけで始まった市民マラソンの草分け。フルマラソンではなく、30キロと10キロなどの種目に1万5,000人を超える市民ランナーが早春の青梅路を走る。30キロの部は高低差が86メートル近い起伏に富んだコースで、スターターには著名人が登場するなど、毎年話題を呼んでいる。

　　　　　　　　　　　　　　　　解答　②青梅マラソン大会

87 自生のムサシノキスゲが見られることで有名な公園はどこでしょう。
　　　①野川公園（三鷹市、調布市、小金井市）
　　　②昭和記念公園（立川市、昭島市）
　　　③野山北公園（武蔵村山市）
　　　④浅間山公園（府中市）

解説　ムサシノキスゲはユリ科ワスレグサ属の多年草。ニッコウキスゲの変種といわれ、4月下旬から5月下旬にかけて淡いオレンジ色の花をつける。府中市の都立浅間山公園で見ることができる。

　　　　　　　　　　　　　　　　解答　④浅間山公園（府中市）

88 観光資源としている花と施設の組み合わせで正しくないものはどれでしょう。
　　①府中市郷土の森博物館（府中市）―ウメ
　　②昭和記念公園（立川市、昭島市）―ポピー
　　③北山公園（東村山市）―花菖蒲
　　④多摩森林科学園（八王子市）―コスモス

解説　多摩森林科学園に植えられているのはコスモスではなくサクラ。同園には「サクラ保存林」があり、著名なサクラの遺伝子を保存する目的で、約8ヘクタールに全国各地のサクラが1,700本ほど植えられている。品種が異なるため開花期は長く、2月下旬から5月上旬まで楽しめる。

　　　　解答　④多摩森林科学園（八王子市）―コスモス

89 江戸時代に、多摩丘陵の特産物の一つで「禅寺丸」という名で江戸に出荷されていた果物は、近年、地域ブランドのワインに加工されています。その果物は何でしょう。
　　①桃　②梨　③柿　④栗

解説　「禅寺丸」は柿の名前。町田市農政課が「切り倒され続ける禅寺丸柿を後世に残せないか」と商品化を企画し、1991（平成3）年、「禅寺丸柿ワイン」の製造販売にこぎつけた。このワインは町田市一帯で栽培されている禅寺丸柿を原料に、選りすぐった酵母と特別な仕込み方法で醸造している。

　　　　解答　③柿

90 多摩川沿いで昔から生産されていて、「新高」や「稲城」などの品種がある産品は何でしょう。
　　①コンニャク　②ワサビ　③梨　④豚

解説　多摩川沿いでは昔から梨の生産が盛んだった。稲城市や日野市など多摩川沿いの生産組合が「多摩川梨」の名称で出荷し、東京近郊で有名になった。幻の大玉と呼ばれる「稲城」、さらに一回り大きい「新高」などの品種がある。

　　　　　　　　　　　　　　　　　　　　　　解答　③梨

91 立川市が東京一の生産量を誇る農産物は何でしょう。
　　①サツマイモ　②ウド　③ブルーベリー　④セリ
　　　　　　　　（※この問題は検定試験後、加筆しました）

解説　立川市が東京一の生産量を誇る農産物はウド。ウドは江戸時代末期に武蔵野市で栽培され始め「吉祥寺ウド」として有名だったが、戦後、立川、国分寺、小平の五日市街道沿いに広がった。立川ウドは地下の穴蔵で日光を当てずに栽培するため、真っ白なのが特徴。うどラーメン、うどら（どらやき）、うどサブレなど、ウドを使った加工品も開発されている。

　　　　　　　　　　　　　　　　　　　　　　解答　②ウド

92 東京都内でニンジンの生産量一位を誇る自治体はどこでしょう。
　　①清瀬市　②東久留米市　③狛江市　④奥多摩町

解 説 　清瀬市のニンジン収穫量は年間405トンで、東京都内では1位を誇っている。清瀬商工会では農商工連携の一環として「にんじんジャム」やニンジン焼酎「君暮らす街」を販売。ニンジンを使った商品の開発にも力を入れている。

　　　　　　　　　　　　　　　　　解答　①清瀬市

93 多摩地域の林業関係で、日の出町が日本一の生産量を誇る産品は何でしょう。
　　①卒塔婆　②薪炭　③木工芸品　④木質ペレット

解 説 　林業が盛んな日の出町大久野地区では江戸時代の元禄年間から卒塔婆の生産が始まり、現在も約30軒が従事している。日の出町では卒塔婆だけでなく、木棺の生産も盛んで、ともに日本一の生産量を誇っている。

　　　　　　　　　　　　　　　　　解答　①卒塔婆

94 滝が凍結する日を問うクイズを出したり、ライトアップをしたりして注目度を上げている落差60メートルの「払沢の滝」があるのはどこでしょう。
　　①奥多摩町　②日の出町　③檜原村　④瑞穂町

解 説 　払沢の滝は檜原村にあり、「日本の滝百選」に選ばれている。4段の滝で、全長60メートル。毎年8月に「払沢の滝ふるさと夏まつり」が催され、滝を幻想的な演出でライトアップするほか、郷土芸能も披露される。払沢の滝は冬季に凍結する滝として知られ、毎年、最大結氷日を予想する「氷瀑クイズ」が行われている。

解答　③檜原村

95 スタジオジブリ（小金井市）の作品の中で、多摩市の聖蹟桜ヶ丘周辺の街並みをモデルにした作品はどれでしょう。
　　①『おもひでぽろぽろ』　②『風の谷のナウシカ』
　　③『耳をすませば』　④『ハウルの動く城』

解説　スタジオジブリの作品には、物語の舞台として多摩地域がモデルになっているものが多い。近藤善文監督の『耳をすませば』の舞台は、多摩市の聖蹟桜ヶ丘の街並みがモデルになっている。高畑勲監督の『平成狸合戦ぽんぽこ』は多摩ニュータウン、宮崎駿監督の『となりのトトロ』は狭山丘陵がモデルになっている。

解答　③『耳をすませば』

96 昭和初年以降、多摩川に鉄筋コンクリート製の橋が架設されるようになると、各地の「渡し」が廃止されていきました。昭和40年代に最後に廃止された「渡し」はどこでしょう。
　　①是政の渡し（府中市）　②拝島の渡し（昭島市）
　　③菅の渡し（調布市）　④矢野口の渡し（稲城市）

解説　かつて多摩川には30カ所以上も「渡し」があったが、各地に橋が架設されて、次々と姿を消した。唯一残っていた稲城市の菅・矢野口と調布市の多摩川地区を結んでいた「菅の渡し」も京王相模原線の開業により、1973（昭和48）年に廃止された。この「渡し」で使われていた船頭小屋は、川崎市立日本民家園に展示してある。

解答　③菅の渡し（調布市）

97 中央線の立川〜浅川駅（高尾駅）間が電化されたのはいつ頃でしょう。
　　①昭和20年代　②大正末期　③昭和10年代　④昭和初年

解　説　中央線の国分寺―立川駅間は1929（昭和4）年に電化され、翌1930（昭和5）年には立川―浅川駅（現・高尾駅）間の電化が完成し、電車の運転を開始した。

解答　④昭和初年

98「天才バカボン」や「ひみつのアッコちゃん」などを世に出した、昭和を代表する漫画家・赤塚不二夫のテーマ館はどこにあるでしょう。
　　①八王子市　②青梅市　③立川市　④三鷹市

解　説　昭和を代表する漫画家・赤塚不二夫のテーマ館「青梅赤塚不二夫会館」は青梅市住江町の青梅街道沿いにある。「昭和」をテーマに町おこしをしている青梅市の「昭和の元気の象徴」として2003（平成15）年、開館した。赤塚の作品の数々、個性あふれるキャラクターが集まっている。青梅赤塚不二夫会館の隣には昭和レトロ商品博物館があり、青梅街道沿いには懐かしい映画看板が並んでいる。

解答　②青梅市

99 2008（平成20）年夏に環境省が選定した「平成の名水百選」に、東京都内で唯一選ばれた「落合川と南沢湧水群」はどこにあるでしょう。
　　①武蔵村山市　②清瀬市　③西東京市　④東久留米市

解説　東久留米市の中央に位置する南沢地域には湧水地が数多くある。それら湧水地とその湧水が流れ着く落合川を含めた「落合川と南沢湧水群」が都内で唯一、「平成の名水百選」に選ばれた。都内でも有数の清流、落合川にはホトケドジョウが生息している。こうした自然環境を守ろうと市民が保全活動に力を入れている。

解答　④東久留米市

100 毎年1月に青梅駅周辺や拝島大師（昭島市）、高幡不動尊（日野市）などで市が開かれる多摩地域の伝統工芸品は何でしょう。
　　①だるま　②傘　③団扇（うちわ）　④籠（かご）

解説　東京だるま、江戸だるまとも呼ばれている「多摩だるま」は、農家の副業として農閑期を利用して製作されてきた。現在でも瑞穂町、青梅市、立川市などでつくられている。青梅だるま市は毎年1月12日に開かれ、露店約300店が並ぶ。拝島だるま市は1月2～3日に開かれ、露店は約100店。高幡不動尊では1月28日の初不動と2月3日の節分会にだるま市が開かれる。

解答　①だるま

2009年度 知のミュージアム

多摩・武蔵野検定

マスター3級　検定問題と解答・解説　99問

多摩の姿・自然

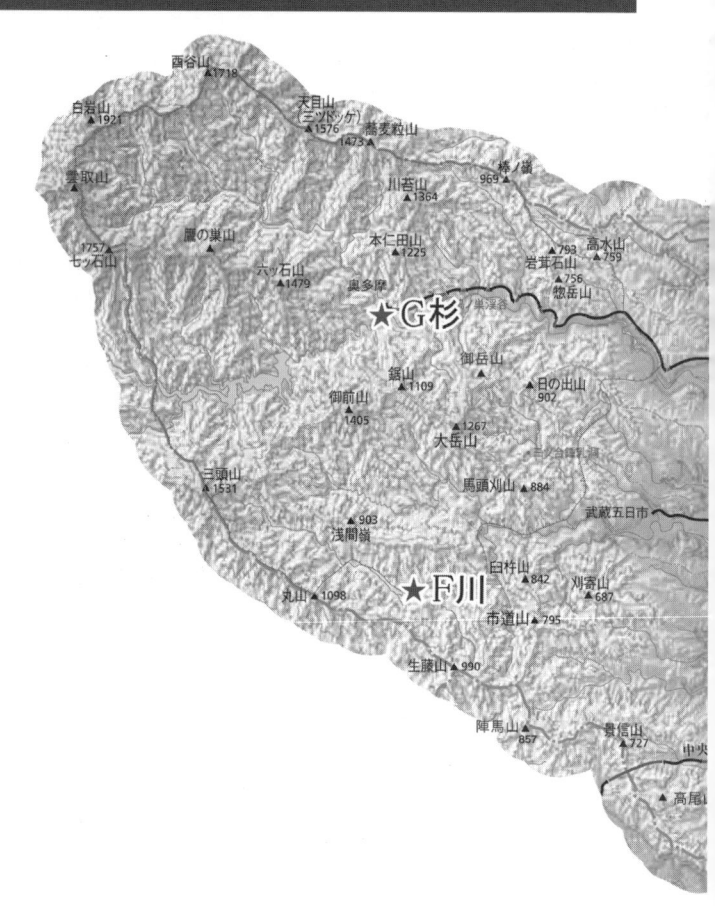

多摩・武蔵野全図

※地図内の★は設問箇所が存在する場所を示しています。
※地図中の▲は山を、数字は標高を示しています。

多摩地域の地図に関する問題です。次ページ以降にある選択肢の中から正しいと思う番号を選んでください。

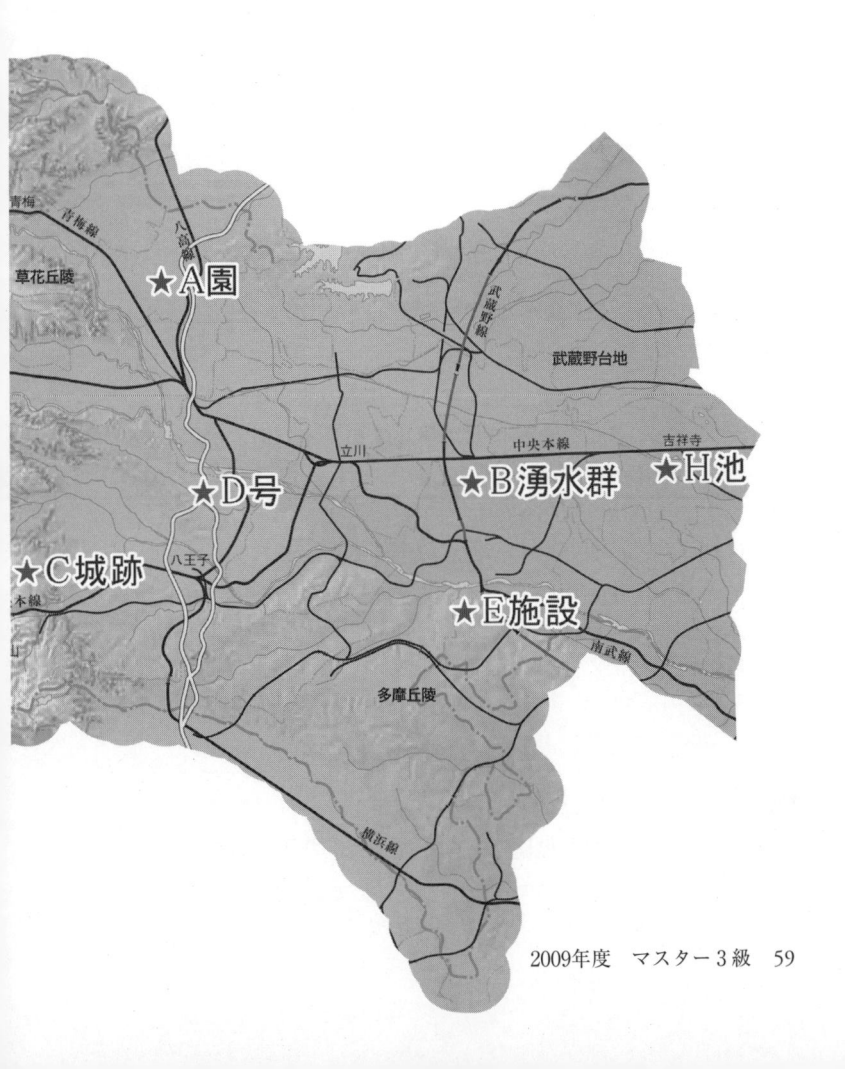

1 Aの動物園は何というでしょう。
　　①町田リス園　②羽村市動物公園　③多摩動物公園

解説　羽村市動物公園（開園当時は羽村町動物公園）は1978（昭和53）年、日本初の町営動物園として開園した。小規模ながら、動物と触れ合えるなど親しみやすい展示コーナーが人気だ。ワオキツネザル、ミーアキャットなど珍しい動物も飼育、公開している。

　　　　　　　　　　　　　　　　解答　②羽村市動物公園

2 Bの湧水群は何というでしょう。
　　①真姿の池湧水群　②南沢湧水群

解説　国分寺崖線下にある真姿の池をはじめとする湧水群は、江戸時代の鷹場に由来する清流沿いの道「お鷹の道」と合わせた環境の良さを評価され、「お鷹の道・真姿の池湧水群」として1985（昭和60）年、環境庁の「全国名水百選」のひとつに選ばれた。東京都の名湧水57選にも選定されている。

　848（嘉祥元）年、絶世の美女といわれた玉造小町が病気に苦しみ、武蔵国分寺で願をかけたところ、「池で身を清めよ」との霊示を受けて快癒したとの言い伝えがある。

　　　　　　　　　　　　　　　　解答　①真姿の池湧水群

3 Cの史跡の城跡は何というでしょう。
　　①檜原城跡　②辛垣城跡　③八王子城跡

解説 　八王子城は後北条氏4代当主北条氏政の弟・氏照の居城。豊臣秀吉の関東侵攻の中で前田利家・上杉景勝らの連合軍に攻められ、わずか1日で落城した。遺跡は標高460メートルの深沢山（城山）を中心に展開しており、国指定史跡として整備されている。

　　　　　　　　　　　　　　　　解答　③八王子城跡

4 　Dの道路は何というでしょう。
　①国道20号（甲州街道）　②国道16号（東京環状線）
　③都道7号（五日市街道）

解説 　国道16号は、横浜市西区の国道1号交差点を起終点にした首都圏の環状道路。東京環状ともいう。総延長は253.2キロメートル。国道20号は東京・中央区から長野・塩尻へ至る225キロメートルの一般国道。下諏訪までの甲州街道と、その先の終点までは中山道とほぼ同じルートを通っている。また、都道7号は、東京・杉並区梅里で青梅街道から分かれて吉祥寺、砂川を経由してあきる野市五日市まで約42キロにおよぶ。

　　　　　　　　　　　　　　解答　②国道16号（東京環状線）

5 　Eの施設は何というでしょう。
　①米軍多摩サービス補助施設（レクリエーションセンター）
　②立川基地　③横田基地

解説 　稲城市にある米軍多摩サービス補助施設は米軍の横田基地などに勤務する家族のためのレクリエーション施設。ゴルフ場やキャンプ場などがある。もとは旧陸軍造兵

廠火工廠板橋製造所の多摩分工場で、戦後から1967(昭和42)年まで、米軍の弾薬庫として使われていた。毎夏、稲城フェスティバルが行われる日に開放される。

　　解答　①米軍多摩サービス補助施設(レクリエーションセンター)

---

6 Fの川は何というでしょう。
　　　　①野川　②空堀川　③南秋川

解説　南秋川は三頭山の山腹、三頭大滝のある三頭沢が源流。野川は国分寺市内から世田谷区までの約20キロメートルを流れている。空堀川は柳瀬川の支流で、武蔵村山市が源流となっている。

　　　　　　　　　　　　　　　　　　解答　③南秋川

---

7 Gの天然記念物の木は何というでしょう。
　　　　①氷川三本杉　②たこ杉　③安楽寺の大杉

解説　JR奥多摩駅前の氷川神社にある氷川三本杉は樹齢700年ともいわれ、実測樹高が53メートルあり、東京都指定文化財になっている。たこ杉は八王子市の高尾山に、安楽寺の大杉は青梅市成木にある。

　　　　　　　　　　　　　　　　　解答　①氷川三本杉

---

8 Hの池は何というでしょう。
　　　　①狭山池　②井の頭池　③薬師池

解説 　井の頭池は井の頭恩賜公園の中心にあり、神田川の水源になっている。井の頭池と一帯の林はかつての幕府御用林であり、その後、宮内省御用林となった。1913（大正2）年には東京市に下賜され、井の頭恩賜公園として整備された。

　　　　　　　　　　　　　　　　　　解答　②井の頭池

9 檜原村の行政境界は、江戸時代からほとんど変更されていません。

①○　②×

解説 　1888（明治21）年制定の市制・町村制により、従来の村や字は合併して行政区域を広げてきた。しかし、檜原村は100年以上たった今も市制・町村制施行前の行政区域をとどめ、村名も字名も変わっていない。

　　　　　　　　　　　　　　　　　　解答　①○

10 清瀬市と東大和市、東久留米市は、1970（昭和45）年10月1日に同時に市制を施行しました。

①○　②×

解説 　清瀬市と東大和市、東久留米市は1970（昭和45）年10月1日に市制を施行した。多摩ではこのほか、狛江市も同年同日に市制をしいた。

　　　　　　　　　　　　　　　　　　解答　①○

11 御岳登山鉄道と高尾登山電鉄は40年間、新型車両を導入していません。

①○　②×

解説　御岳登山鉄道は2008（平成20）年3月22日に新型車両を導入、高尾登山電鉄も同年12月23日に、いずれも40年ぶりに車両を新しくした。

御岳のケーブルカーは、1,107メートルの区間を6分で運行し、高低差423.4メートル、最高勾配は25度。御岳山駅の標高は831メートル。高尾のケーブルカーは1,000メートルを6分で運行、高低差271メートル、最高勾配は31度14分で、鉄道事業法に準拠している国内鉄道では最急勾配個所という。高尾山駅の標高は462メートル。

解答　②×

12 野川流域に見られる斜面の「ハケ」が出現した要因で正しいものはどれでしょう。
①現在の位置にある多摩川から大水が出て侵食した
②度重なる地震で隆起したり陥没したりした
③野川の流水が形成した
④古多摩川の流水が形成した

解説　「ハケ」とは国分寺崖線のことで、洪積世時代の多摩川が武蔵野台地を浸食してできた崖地の連なりをいう。古多摩川が南に大きく流れを変えた後、ハケの湧水を集めながら崖線下を南東に流れているのが野川で、小金井市、三鷹市、調布市、狛江市を経て、世田谷区二子玉川付近で多摩川に合流する。

解答　④古多摩川の流水が形成した

13 昭和初期に現在の武蔵野市に移転してきた中島飛行機武蔵製作所跡は、今、どんな施設になっているでしょう。
　　①スタジオジブリ　②すかいらーく
　　③武蔵野市役所　④日立中央研究所

解　説　1936(昭和11)年の軍拡予算、翌年の日中戦争によって、多摩には軍需工場の設立が相次いだ。武蔵野ではゼロ戦のエンジンなどを生産していた中島飛行機が武蔵製作所を設置した。

しかし、1944(昭和19)年から翌年にかけて米軍の攻撃目標となり、9回の爆撃を受けて壊滅状態になった。戦後、同製作所は閉鎖され、跡地は電気通信省(現NTT武蔵野研究開発センタ)、公団住宅などに姿を変えた。米軍宿舎になったエリアもあり、武蔵野市民らは返還運動を展開。1973(昭和48)年に返還され、その大部分は都立武蔵野中央公園に、一部は武蔵野市役所になった。

解答　③武蔵野市役所

14 多摩地域の代表的な樹木ケヤキを「市の木」に指定していない自治体はどれでしょう。
　　①西東京市　②三鷹市　③武蔵野市　④小金井市

解　説　西東京市はケヤキとハナミズキ、武蔵野市はケヤキとコブシとハナミズキ、小金井市はケヤキを「市の木」に指定している。三鷹市の「市の木」はイチョウ。

解答　②三鷹市

15 国立公園域に入っていない山は、どれでしょう。
　　①雲取山　②大岳山　③御岳山　④高尾山

解説　奥多摩の山と渓谷の多くは秩父多摩甲斐国立公園に属している。雲取山、大岳山、御岳山は国立公園に属しているが、高尾山は属していない。高尾山とその周辺一帯は明治100年事業のひとつとして、1967（昭和42）年12月、「明治の森高尾国定公園」に指定された。

　　　　　　　　　　　　　　　　　　　　解答　④高尾山

16 小河内貯水池をはじめとする多摩川水系全体で都民の上水道の何割をまかなっているでしょう。
　　①1割程度　②2割程度　③3割程度　④4割程度

解説　現在、多摩川水系がまかなっている都民の上水道水は2割程度。残りを利根川水系がまかなっている。

　多摩川は山梨県の笠取山を源流に、東京湾羽田の河口まで全長約138キロメートル。小河内ダムから放水された流れは、奥多摩町の中心部で日原川が合流して水量を増す。発電用の人造湖・白丸ダムを経て、羽村市の羽村堰で玉川上水に分水される。その上流の小作と羽村から村山貯水池へも送水されている。

　　　　　　　　　　　　　　　　　　　解答　②2割程度

17 「化石の川」と呼ばれるほど多摩川から多くの化石が見つかっています。昭島市で約160万年前の地層から発見された化石は何でしょう。
　　　①ヒゲクジラの仲間　②メタセコイア
　　　③アケボノゾウ　④ジュゴンの仲間

解説　1961（昭和36）年、昭島市内の多摩川流域で、全長16メートルのクジラの化石がほぼ完全な形で出土した。このクジラはヒゲクジラの仲間でコククジラに近い種類だが、現在のクジラと異なるため、「アキシマクジラ」と命名された。骨の一部は昭島市役所１階のロビーに展示されている。

　　　　　　　　　　　　　　　解答　①ヒゲクジラの仲間

18 湧水が川になって、国分寺市内から世田谷区玉川までの約20キロメートルを流れる川はどれでしょう。
　　　①平井川　②仙川　③野川　④残堀川

解説　野川は国分寺市の日立製作所中央研究所敷地内の大池に源を発し、国分寺崖線の湧水を集めながら崖線下をほぼ南東に流れている１級河川。小金井、三鷹、調布、狛江市を経て世田谷区玉川１丁目付近で多摩川に合流する。流域面積は69.6平方キロメートル、流路延長は20.2キロメートル。

　　　　　　　　　　　　　　　解答　③野川

> 19 東京と神奈川の都県境を流れ、相模湾に注ぐ川はどれでしょう。
> ①鶴見川 ②相模川 ③乞田(こった)川 ④境川

解説 　境川は東京都町田市相原町の大地沢キャンプ場付近に源を発し、東京都と神奈川県の境界に沿って南東に流れる。神奈川県大和市付近から南へ流れを変え、藤沢市の片瀬海岸から相模湾に流れ込む。流路延長約52キロメートルの2級河川。

解答　④境川

> 20 多摩川に流入していない河川はどれでしょう。
> ①空堀川 ②平井川 ③大栗川 ④日原川

解説 　空堀川は柳瀬川へ流入している荒川水系の川である。平井川はあきる野市と福生市の境で、大栗川は多摩市、日原川は奥多摩町で多摩川と合流する。多摩川は山梨県の笠取山を源流に、河口の東京湾まで約138キロメートルを流れている。

解答　①空堀川

> 21 多摩地域の最北端の自治体はどれでしょう。
> ①清瀬市 ②東大和市 ③武蔵村山市 ④奥多摩町

解説 　奥多摩町は多摩地域及び東京都の最西北端に位置する自治体で、埼玉県、山梨県に隣接している。面

積は225.63平方キロメートルあり、東京都の自治体のなかで最大である。

解答　④奥多摩町

22 水道専用貯水池として国内最大級を誇るのはどこでしょう。
①小河内貯水池　②村山貯水池　③山口貯水池

解説　多摩川上流を堰止めてつくった小河内貯水池は、開発が著しく、人口が急増した東京市民の水道水源を確保するため、1938(昭和13)年に着工。20年の歳月をかけて1957(昭和32)年に完成した。竣工当時、水道専用貯水池としては世界最大規模といわれ、現在も日本最大級。

解説　①小河内貯水池

23 はじめの一滴が流れ落ちる「水干(みずひ)」があり、多摩川の源流といわれるのは、どの山でしょう。
①雲取山　②七ツ石山　③大菩薩嶺　④笠取山

解説　「水干」があるのは山梨県甲州市塩山の笠取山(1,953メートル)。埼玉県秩父市との境であり、山頂から南側に少し降りたところに「水干」と呼ばれる水源がある。多摩川の最初の1滴が生まれる地点で、「多摩川源頭　東京湾まで138キロメートル」と記された標識が立っている。笠取山南斜面の山林一帯は東京都水道局が所有する水源林となっている。

解説　④笠取山

24 残堀川は瑞穂町、武蔵村山市、立川市を流れ、立日橋付近で多摩川と合流します。その水源の池はどれでしょう。

①狭山池
②水鳥の池
③真姿の池
④薬師池

解説 多摩川水系の1級河川・残堀川は延長14.5キロメートル、流域面積34.7平方キロメートル。狭山丘陵西端付近にある狭山池（瑞穂町箱根ケ崎）を水源としている。

解答　①狭山池

25 高尾山や御岳山などに生息する夜行性の哺乳動物で体長約40センチメートル、皮膜を広げて木から木へと滑空する動物は何でしょう。

①ハクビシン　②テン　③コウモリ　④ムササビ

解説 リス科で夜行性の哺乳動物「ムササビ」は、高尾山や御岳山に生息。日中はスギやケヤキの大樹の洞穴に潜んでいるが、日暮れになると前足と後足の間にある皮膜を広げて滑空する。飛行距離は30メートルくらいだが、100メートルを超えることもあるといわれている。

解答　④ムササビ

26 東京都の天然記念物に指定されている梅の木「将門誓いの梅」がある金剛寺は、どこにあるでしょう。
　　①小金井市　②府中　③東大和市　④青梅市

解説　金剛寺は青梅市の市街地にある。市名の由来となった梅の木は、都の天然記念物に指定されている。伝説では平将門が手にした梅を「我が願い成るなら栄えよ」と唱えて地面に差したところ、それが根付いたといわれている。その実は黄色く熟さず、秋になっても青いままでいることから、「青梅」という地名が生まれたとされる。

解答　④青梅市

27 桜の品種を保存する目的で全国の桜1,700本ほどを植えて公開しているのはどこでしょう。
　　①昭和記念公園（立川市・昭島市）
　　②多摩森林科学園（八王子市）
　　③小金井公園（小金井市）
　　④村山貯水池（多摩湖＝東大和市）

解説　多摩森林科学園は独立行政法人森林総合研究所の支所のひとつ。桜保存林は、各地の著名な桜の遺伝子を保存するために設置され、約8ヘクタールに、江戸時代から伝わる栽培品種や国の天然記念物に指定された桜のクローンなど全国各地の桜約1,700本が植えられている。咲く時期は種類によっていろいろで、2月下旬から5月上旬にかけて順次見頃となる。

解答　②多摩森林科学園（八王子市）

28 御岳山に群生し、夏に可憐な花を咲かせる下の写真の植物は何でしょう。

①ヤマホタルブクロ
②タマガワホトトギス
③イワタバコ
④レンゲショウマ

解説 御岳山の富士峰園地北側斜面にはレンゲショウマ約5万株が群生しており、見頃となる8月中旬には多くの人で賑わう。レンゲショウマはキンポウゲ科の多年草で、薄紫色の可憐な花を咲かせる。

解答 ④レンゲショウマ

歴史と遺産

29 名勝の小金井サクラは、幕府の命によって、府中押立村の名主・川崎平右衛門が大和の吉野山などから山桜の苗を取り寄せて植えたといわれています。

①○ ②×

解説 江戸に飲料水を供給するために開削された玉川上水の両岸には当初、マツやスギが植えられていたが、八代将軍徳川吉宗の頃、幕府の命を受けた府中押立村の名主・

川崎平右衛門が小金井橋を中心とする両岸6キロメートルに桜を植えた。苗は奈良の吉野や常陸の桜川など山桜の名所から取り寄せたといわれている。

　小金井の桜の存在は次第に江戸に広まり、文化～天保年間(1804～1844)には著名な文人墨客が訪れて詩歌に詠まれ、江戸近郊の桜の名所として知られていった。

解答　①○

30 馬場大門のケヤキ並木(府中市)は、源頼義・義家父子が前九年の戦勝祈願のお礼に寄進したという伝説があります。
①○　②×

解説　大國魂神社の参道に沿って南北に約600メートル続く馬場大門のケヤキ並木は、平安時代に源頼義・義家父子が奥州安倍一族の乱を鎮圧するための祈願成就のお礼として苗木1,000本を寄付したのが始まりといわれている。

　江戸時代に大坂の役で戦勝した徳川家康がケヤキ並木の両側に馬場を献納し、さらにケヤキを補植した。ケヤキは今では約150本に減ったが、国指定天然記念物の並木になっている。

解答　①○

31 立川飛行場は当初、東京国際飛行場と呼ばれ、軍民共用の飛行場でした。
①○　②×

解説　立川飛行場の始まりは、陸軍航空第五大隊が立川に設置された1922(大正11)年。この陸軍立川飛行

場は多摩の軍事施設の始まりだった。1928（昭和3）年、日本航空が立川―大阪間の定期運送を開始。立川飛行場は東京国際飛行場と呼ばれ、軍民共用の飛行場になった。飛行場見学や自動車レースの開催など観光スポットとして注目をあび、立川は「空都」と呼ばれた。

1931（昭和6）年、羽田に東京国際飛行場が完成すると民間機は羽田に移駐し、立川は陸軍専用の飛行場となった。

解答　①○

32　徳川氏の支族で一橋、清水と並んで江戸後期の御三卿に挙げられ、現在の青梅市、奥多摩町、日の出町などを領地としていたのは誰でしょう。
①紀伊家　②尾張家　③田安家　④水戸家

解説　1746（延享3）年、多摩郡に御三卿のひとつ田安家の領地約1万石が設けられ、34カ村がその支配を受けることになった。1761（宝暦11）年、田安家は領内の村々に大幅な増税を言い渡したため、農民たちは反対運動を起こした。これが宝暦箱訴事件である。

しかし、農民にとって実りのある成果は得られなかった。この事件で犠牲となった大丹波村の3人の供養碑は、奥多摩町の輪光院の境内にあり、東京都の文化財に指定されている。

解答　③田安家

33 不動明王の化身といわれる飯縄権現を祀っている、天狗信仰の寺院はどこでしょう。
　　①大悲山塩船観音寺　②拝島山普明寺
　　③高尾山薬王院有喜寺　④高幡山明王院金剛寺

解説　高尾山薬王院有喜寺は天平年間（729-749）に行基が開創したと伝えられる。南北朝の時代、俊源が修行して不動明王の化身といわれる飯縄権現（いづなごんげん）を祀って復興、修験者の道場として栄えた。天狗は飯縄権現の随身で、古来から神通力を持つとされ、高尾山には数多くの天狗伝説や天狗信仰がある。

戦国時代、飯縄権現は武将の守護神として崇拝され、上杉謙信や武田信玄らの信仰を集めた。特に北条の保護も受けた。薬王院有喜寺は成田山新勝寺、川崎大師平間寺とともに真言宗関東三山に挙げられる。

　　　　　　　　　　　　　　解答　③高尾山薬王院有喜寺

34 漆塗りの弓、杓子、皿、網代などの木製品やクルミ、トチなど当時の食生活や自然環境がわかる遺物が大量に発見された縄文時代の遺跡はどこでしょう。
　　①椚田（くぬぎだ）遺跡（八王子市）
　　②下宅部（しもやけべ）遺跡（東村山市）
　　③駒木野（こまきの）遺跡（青梅市）
　　④新山（しんやま）遺跡（東久留米市）

解説　東村山市多摩湖町にある下宅部遺跡は1995（平成7）年、都営住宅の建て替え工事を機に発見された。狭山丘陵の麓から北川の低湿地にかけて広がっている。古い川

の跡とその周辺から縄文時代後期から弥生時代までの遺跡が出土した。

一帯は豊富な湧水域で、通常の遺跡では残らない木器・漆器、動物の骨など、縄文時代の有機質の遺物が大量に出土して注目された。遺跡の一部は「下宅部遺跡はっけんのもり」として保存整備されている。

　　　　　　　　　　　　　　　　　解答　②下宅部遺跡（東村山市）

---

35 多摩地域で数少ない弥生時代の青銅製品が発見されています。狛江市の弁財天池遺跡から見つかったものは何でしょう。
　①腕輪　②鐸　③鏡　④剣
　　　　（※この問題は検定試験後、加筆しました）

解説　弥生時代になると石器や木器に加え、金属器が使われた。しかし銅鐸や銅剣などの青銅器の分布は西日本が中心で、多摩地域ではあまり発見されていない。こうしたなか、狛江市の弁財天池遺跡からは珍しく、銅釧（どうくしろ）（青銅製の腕輪）が発見された。

他に、弥生時代の青銅器としては中郷遺跡（八王子市）から小銅鐸、館町遺跡（八王子市）からは銅鏡が発見されている。

　　　　　　　　　　　　　　　　　　　　　　　解答　①腕輪

---

36 武蔵七党のうち武士団と**本拠地**が違うものはどれでしょう。
　①西党＝多摩川・浅川流域など　②横山党＝多摩丘陵
　③村山党＝霞丘陵　④丹党など4党＝多摩地域外

解　説　平安時代後期以降、武蔵国では小領主たちが血縁や婚姻を通じて中小規模の武士団を形成し、それは後に「武蔵七党」と呼ばれた。このうち、多摩地域を活躍の場としたのは横山、村山、西の3党。横山党は横山荘（今の八王子付近）を本拠とし、多摩丘陵一帯に勢力を広げていた。西党は多摩川・浅川流域を勢力範囲としていた。村山党は入間郡と多摩郡にまたがる村山（狭山丘陵）を本拠とした。

丹党は秩父、児玉、入間郡で活躍した。

解答　③村山党＝霞丘陵

37　多摩に設けられた将軍家の鷹場はどれでしょう。
①紀伊鷹場　②尾張徳川鷹場　③水戸鷹場

解　説　江戸時代、御三家のひとつ尾張徳川家の鷹場が多摩に設けられ、鷹狩りが行われた。その規模は立川から羽村にかけての多摩川沿いから荒川まで周囲27里半（約110キロメートル）あまり、約180カ村を擁する広さだった。尾州鷹場ともいわれていた。

国分寺市にある「お鷹の道」はその名残で、国分寺崖線下の湧水が集まり野川に注ぐ清流沿いの小道約350メートルが「お鷹の道」と名付けられ、遊歩道として整備されている。

解答　②尾張徳川鷹場

38　武蔵野で40カ村の新田村ができたきっかけは何でしょう。
①享保の改革　②天保の改革　③寛政の改革　④農地改革

> **解　説**　徳川吉宗は1716(享保元)年、享保の改革を断行。そのひとつに新田政策があり、武蔵野の新田開発が推進された。武蔵野で新田開発が始まったのは1723(享保8)年。13年後の検地では多摩郡に40カ村の新田村が成立した。
>
> 解答　①享保の改革

---

39 江戸の武家屋敷への暖房用に搬出されていた檜原村の炭生産はいつ頃から始まったのでしょう。
　①室町時代　②南北朝時代　③安土桃山時代　④江戸時代

> **解　説**　檜原村の炭生産は室町時代から行われていた。江戸時代前期の17世紀半ばには江戸の武家屋敷への暖房用木炭として搬出が始まり、江戸市中での需要は年々増していった。1789(寛政元)年の炭出荷量は約13万5,000俵に達していた。
>
> 解答　①室町時代

---

40 江戸城の造営や江戸の町屋建設に欠かせなかった青梅材は、多摩川の上流では1本ずつ「管流し」をしていたが、筏に組んで下るのはどのあたりでしょう。

①拝島
②羽村
③福生
④沢井

解説 　奥多摩の山から伐り出した木材は1本ずつ管流しされ、青梅市沢井あたりから筏に組み、4～5日かけて下流に集積され、そこから深川・木場に運ばれた。筏師が筏を組む場所を「土場(どば)」といい、沢井の土場は旧青梅市立第六小学校の校庭下の河原にあったという。青梅市内では沢井のほかに、大柳、千ケ瀬にも土場があった。

　多摩川の風物詩でもあった筏流しは鉄道、トラック輸送に代わる大正時代末期まで続けられた。

解答　④沢井

---

41 1871(明治4)年の廃藩置県で多摩郡の大部分はどの府県に組み入れられたでしょう。
　①山梨県　②埼玉県　③東京府　④神奈川県

解説 　廃藩置県により、多摩郡の大部分は神奈川県となった。神奈川県では1878(明治11)年、県を20の大区と183の小区に分ける大区小区制が採用されたが、4年後に廃止され、郡区町村編制法が実施された。多摩地域は西多摩郡(郡役所・青梅)、南多摩郡(同・八王子)、北多摩郡(同・府中)に分割され、三多摩と呼ばれるようになった。

解答　④神奈川県

---

42 京王八王子駅の前身の駅名はどれでしょう。
　①浅川駅　②明神町駅　③東八王子駅　④楽々園前駅

解説 　京王八王子駅は、1925(大正14)年12月11日の開業当時は、玉南鉄道東八王子駅という名前で、甲州

街道沿いの明神町に設置された。1963（昭和38）年12月11日、八王子市の都市計画によって、北野駅寄りに200メートルほど移動した際に京王八王子駅と改称した。

1901（明治34）年8月に開業した中央線浅川駅は、現在のJR高尾駅の前身。1961（昭和36）年に改称した。

楽々園前駅（楽楽園前停留場）は、青梅線日向和田駅と二俣尾駅の間に1928（昭和3）年に開設された、現在の石神前駅の前身。大正時代に青梅鉄道がボタン園「楽楽園」を開園したのに伴い、駅名にした。その後、楽楽園前停留場は1944（昭和19）年に鉄道の国有化で駅名を「三田村駅」に、さらに1947（昭和22）年に現在の石神前駅に改称した。

解答　③東八王子駅

43 地域文芸運動が広まった1920（大正9）年頃、雑誌『葭（よし）の笛』を創刊し、教員らが家制度など古いしがらみからの解放を目指したのは、どこの文芸グループでしょう。
　　①恩方村（八王子市）　②七生村（日野市）
　　③多摩村（多摩市）　④忠生村（町田市）

解説　多摩は自由民権運動が盛んで、その進取の気質は大正時代になっても衰えず、青年や教員たちを中心として、古い社会制度や人間関係と対峙し、自分たちを見つめ直す地域文芸運動が広まった。

1920（大正9）年頃、忠生村では教員らが「葭の笛社」という文芸グループを結成した。雑誌『葭の笛』を創刊し、古いしがらみからの解放を目指した。

解答　④忠生村（町田市）

44 日中戦争の開戦で「空都」立川周辺に、立川飛行機など「多摩の四大航空機メーカー」が集まりました。これに入らない企業はどれでしょう。

①昭和飛行機工業東京工場（昭島市）
②中島飛行機（武蔵野市）
③東京瓦斯電気（東大和市）
④横河電機（武蔵野市）

解説 1936（昭和11）年の軍事予算拡大、翌年の日中戦争開戦で、多摩には軍需工場が一気に増えた。立川飛行機は砂川工場を新設、中島飛行機は航空機用のエンジン工場として武蔵野市に武蔵製作所を、東大和市には東京瓦斯電気工業が発動機工場（後に日立航空機立川発動機製作所）を、昭島市には昭和飛行機工業が東京工場を設立した。これが「四大航空機メーカー」である。

横河電機は航空機メーカーではなく、計測・制御器メーカー。

解答　④横河電機（武蔵野市）

45 1945（昭和20）年8月2日未明、八王子上空に169機のB29爆撃機が飛来し、約67万個の焼夷弾を投下しました。この時の市街地の焼失面積はどのくらいだったでしょう。

①60%　②70%　③80%　④90%

解説 1945（昭和20）年、八王子上空に169機のB29が飛来し、約67万個の焼夷弾を投下した。この八王子空襲により、市街地の約80％が焼失し、450人以上が亡くなった。

多摩地域全体では、軍需工場を目標にした空襲や八王子市など中

小都市の空襲で約1,500人が犠牲になった。

解答　③80％

---

46 京都の三十三間堂に次いで2番目に古い木造二十八部衆立像を安置している寺院はどれでしょう。
　　①保泉院（日の出町）　②塩船観音寺（青梅市）
　　③悲願寺（あきる野市）　④深大寺（調布市）

解説　青梅市にある塩船観音寺は大化年間（645～650）に若狭国の八百比丘尼が紫金の千手観音像を安置したことに始まると伝えられている。「塩船」の名は僧・行基がこの地を訪れた際、周囲が丘に囲まれて船の形に似ていることから名付けたという。

　二十八部衆とは千手観音の従者。塩船観音寺の木造二十八部衆立像は京都・三十三間堂の二十八部衆立像に次ぐ古さで、室町時代初期頃の制作といわれる。本尊の十一面千手千眼観世音菩薩像とともに東京都の有形文化財に指定されている。

解答　②塩船観音寺（青梅市）

---

47 府中に置かれた武蔵国の国府が機能していたのは、いつの時代まででしょう。
　　①奈良時代　②鎌倉時代　③江戸時代　④明治時代

解説　およそ1300年前、奈良の都を中心に律令国家が誕生すると約60に分けられた各国には国府が置かれ、政治・経済の中心となった。武蔵国の国府は府中に置かれ、鎌倉時代ごろまで機能していた。

近年、府中市は大國魂神社わきの国府の遺跡の一部を整備した。府中市郷土の森博物館では国府に関する展示が見学できる。

解答　②鎌倉時代

48　「布田五宿」はどの街道沿いにあったでしょう。
　　　①青梅街道　②甲州街道　③五日市街道

解説　江戸時代の甲州街道沿いにあった現・調布市の「布田五宿」は、東から国領、下布田、上布田、下石原、上石原の連続する5つの宿の集合体であった。5つの宿には個々に問屋場があり、ひと月を均等割して宿継ぎ業務を担当していた。

甲州道中には半月交代や10日交替、あるいは上り、下りを分担する宿継形態が知られているが、5つの宿で分担する例は珍しい。

解答　②甲州街道

49　1945(昭和20)年8月24日、鉄橋で列車が正面衝突し、100余人の犠牲者が出ました。この路線はどれでしょう。
　　　①中央線　②南武線　③五日市線　④八高線

解説　太平洋戦争が終わった直後の1945(昭和20)年8月24日、八高線の小宮－拝島駅間の多摩川鉄橋で、日本鉄道史上に残る大惨事が起こった。上りと下りの列車が正面衝突し、少なくとも105人の死者、行方不明者が出た。犠牲となった人の多くは終戦とともに故郷に帰る復員兵や疎開先から自宅に帰る人々だった。

2003(平成15)年、事故車両の車輪2対が多摩川から引き揚げられ

た。昭島市はこの車輪を事故現場近くの堤防上に設置し、モニュメントにした。

解答　④八高線

50 1953(昭和28)年に町村合併促進法が制定され、南多摩と西多摩では多くの市町村が合併しました。埼玉県の一部が編入されたのはどこでしょう。
①青梅市　②瑞穂町
③村山町(武蔵村山市)　④保谷町(西東京市)

解　説　瑞穂町は1940(昭和15)年11月、箱根ケ崎村、石畑村、殿ケ谷村、長岡村の合併により誕生した。町名は当時の岡田周造東京府知事が命名したという。その後、1958(昭和33)年10月15日、埼玉県入間郡元狭山村が、一部を除いて瑞穂町に編入した。

解答　②瑞穂町

51 玉川上水ができる以前、江戸の市民の水源はどこでしょう。
①井の頭池　②石神井池　③狭山湖　④三宝寺池

解　説　徳川家康が江戸に入るのに先立ち、井の頭池を水源とする神田上水が1590(天正18)年、家康の命を受けた大久保主水(もんと)によって開かれた。その後、江戸が発展するにつれて飲料水の需要が増し、神田上水などだけでは足りなくなり、幕府は新たに多摩川の水を江戸に引くことを決めた。これが玉川上水で、1654(承応3)年に玉川兄弟によって開削された。

解答　①井の頭池

52 江戸で活躍し、国学三大家といわれた現在の町田市出身の人は誰でしょう。
①小山田与清（ともきよ）　②杉田玄白
③高野長英　④大田南畝

解説　国学三大家は平田篤胤(ひらたあつたね)、伴信友(ばんのぶとも)、小山田与清の3人。小山田は小山田村（町田市）の出身で、彼の門人には府中六所宮（大國魂神社）の神主猿渡盛章(さわたりもりあき)・容盛(ひろもり)父子や小野路村（町田市）の小島正敏らがいた。

解答　①小山田与清

53 小田原急行鉄道（現・小田急電鉄）創業時の社長・利光鶴松が青年期に教員をしていたのはどこでしょう。
①五日市町（あきる野市）　②野津田村（町田市）
③野崎村（三鷹市）　④関戸村（多摩市）

解説　利光鶴松は大分県生まれで、1884（明治17）年に20歳で上京。後に土蔵から「五日市憲法草案」が発見された深沢家の深沢権八に会い、五日市町（現・あきる野市）の勧能学校教員を務めながら自由民権思想を学んだ。
　その後、弁護士、東京市会議員、衆議院議員を歴任。実業界へ転身して小田原急行鉄道を創業した。1945（昭和20）年、81歳で逝去した。

解答　①五日市町（あきる野市）

54 1944(昭和19)年、サイパン、テニアンなどマリアナ諸島を制圧した米軍はB29による日本全土への長距離爆撃を始めました。最初に狙われたのはどこでしょう。
①東京芝浦電気府中工場　②日本製鋼所武蔵製作所
③日野重工業　④中島飛行機武蔵製作所

解説　米軍の爆撃機B29がはじめて日本上空に現れたのは1944(昭和19)年11月1日。同7日には関東地方を空中撮影して工場などを分析し、24日に中島飛行機武蔵製作所を目標に本土への初の本格的な空襲を行った。

中島飛行機はゼロ戦などの航空機用エンジンを生産した国内屈指の航空機メーカー。米軍の攻撃目標となり、9回の空爆を受けて壊滅状態になった。戦後、跡地は米軍に接収され、米軍宿舎になったエリアもあり、武蔵野市民らは返還運動を展開。1973(昭和48)年に返還され、その大部分は都立武蔵野中央公園に、一部は武蔵野市役所になった。

解答　④中島飛行機武蔵製作所

55 戦後、多摩各地に米軍基地が置かれましたが、拡張予定が発表されると市民たちの反対運動がおこり、中止されたのはどこでしょう。
①横田基地　②立川基地　③府中基地　④調布基地

解説　1945(昭和20)年9月、連合軍が日本に進駐してきた。立川基地は拡張される予定だったが、砂川町が東西に分断されるため、反対運動が広がった。1955(昭和30)年、砂川町基地拡張反対同盟が結成され、測量を強制的に進めよう

とした警官隊と衝突、砂川闘争が起こった。翌年、政府は拡張を中止した。

解説　①立川基地

> 56　大國魂神社社殿は火事による全焼の後、ある将軍の命により完成しました。それは誰でしょう。
> ①徳川家光　②徳川家綱　③徳川綱吉　④徳川吉宗

解説　1590（天正18）年、徳川家康が江戸に入城して、武蔵国の総社であるための社領を寄進し、大國魂神社社殿を造営した。1646（正保3）年、類焼により焼失したが、1667（寛文7）年、4代将軍徳川家綱の命により久世大和守広之が社殿を造営した。

前面の屋根が曲線形に延びて庇（ひさし）となった一般的な流造様式だが、それが3棟合わさった構造になっており、他ではあまり例がない建物である。3棟の社殿はひとつの屋根の下にあるが、それぞれが別々の神を祀っている。

解答　②徳川家綱

> 57　なぜ今の府中市に国府が置かれたのでしょう。その謎に迫る発見として注目された上円下方墳の形式の古墳はどれでしょう。
> ①亀塚古墳　②稲荷塚古墳
> ③稲荷山古墳　④武蔵府中熊野神社古墳

解説　7世紀半ばに築かれたとみられる武蔵府中熊野神社古墳（府中市）は国内最大最古の上円下方墳で、2005（平成17）年に国の史跡に指定された。被葬者は不明だが、武

蔵国が設置される直前に大きな力を持っていた人物の墓と推察され、府中に国府が置かれたことと関係があるのではないかと考えられている。

解答　④武蔵府中熊野神社古墳

58 武蔵国府に関わりの深い総社（六所宮）に、一宮として祀られている神社はどこでしょう。
　　①秩父神社（秩父市）　②氷川神社（さいたま市）
　　③小野神社（多摩市）　④大國魂神社（府中市）

解説　府中市にある大國魂神社は今から1900年前の景行天皇の時代に創建されたと伝えられる神社。府中に国府が置かれた時代、国司には武蔵国の六神社を巡拝する職務があったが、武蔵国は面積が広く、日数がかかったことから、武蔵総社である大國魂神社に六神を合祀したといわれている。このため、六所宮とも呼ばれた。

六神は、一宮が小野神社（多摩市）、二宮が二宮神社（あきる野市）、三宮が氷川神社（埼玉県さいたま市）、四宮が秩父神社（埼玉県秩父市）、五宮が金鑽神社（埼玉県神川町）、六宮が杉山神社（横浜市緑区）。

解答　③小野神社（多摩市）

59 自由民権家・吉野泰三らが結成した政治結社は、どれでしょう。
　　①学芸講談会　②融貫社
　　③自治改進党　④南多摩郡自由党

解説 吉野泰三は1841（天保12）年、野崎村（三鷹市）に生まれた。泰三は父の医業を引き継ぎ、野崎村戸長に就任。自由民権運動の中心指導者のひとり石阪昌孝とともに1879（明治12）年、神奈川県議会議員となった。

2年後の1881（明治14）年、多摩で最初の政治結社・自治改進党を結成。「人民自治ノ精神ヲ養成」し、「自主ノ権理ヲ拡充」することを「主義」とすると規約にうたった。泰三はすでに前年、自由党（自由改進党）の結成に関与しており、自治改進党の結成は中央の政党結成に歩調を合わせた地方政党組織化のひとつ。泰三は翌年、自由党に入党した。

解答　③自治改進党

---

60 戦時中、東京区部から多くの学童が多摩地域へ集団疎開してきました。北多摩郡には何区の学童が疎開してきたでしょう。
①牛込区（新宿区）　②赤坂区（港区）
③麹町区（中央区）　④深川区（江東区）

解説 空襲が激しさを増した1944（昭和19）年8月、22万人余りの学童が関東、東海、東北など13県に疎開した。赤坂区（現・港区の一部）の学童は北多摩郡に、品川区（現・品川区の一部）の学童は南多摩郡と西多摩郡に疎開してきた。その数は学童、教員合わせて9,000人を超えた。

解答　②赤坂区（港区）

61 旧多摩聖蹟記念館（多摩市）は、どの天皇の行幸を記念して造られた施設でしょう。

①明治天皇
②大正天皇
③昭和天皇

解説　明治天皇は1881（明治14）年と82年、84年の3回にわたって、現在の多摩市連光寺を訪れた。兎狩りが目的であった。

旧多摩聖蹟記念館は明治天皇の行幸を記念して1930（昭和5）年に建てられた洋風建築で、1986（昭和61）年、多摩市の重要文化財、東京都の景観上重要な歴史的建造物に指定された。都立桜ヶ丘公園内にあり、幕末、明治に活躍した人々の書画や、多摩市周辺の豊かな植物の写真などを展示している。

解答　①明治天皇

62 八王子千人同心は1864（元治元）年に水戸藩尊王攘夷派である天狗党の動きを警戒するため出兵していますが、その出兵した場所はどこでしょう。
①横浜　②甲州　③常陸　④長州

解説　全国で尊王攘夷運動が盛んになるなか、水戸藩の尊王攘夷派は、朝廷に直訴するために上洛。幕府は経路の各藩に天狗党を討つ命令を出す一方、幕府の追討軍を出し

た。その一団が八王子千人同心で、彼らは幕府の命により甲州へと向かった。天狗党は加賀藩で降伏し、死罪など大量に処刑された。

解答　②甲州

63 武蔵村山市の野山北公園自転車道は軽便鉄道の軌道跡で、トンネル群が残っています。この鉄道が運んだのは何でしょう。
①石灰石　②木材　③麦　④砂利

解　説　武蔵村山市の野山北公園自転車道を行くと、狭山丘陵にかかるところに、電車や自動車が通るには小さいトンネルがいくつもある。このトンネル群は昭和の初め、山口貯水池（狭山湖）を建設するにあたって、工事用の砂利を運ぶために敷設された工事用軽便鉄道の軌道につくられたトンネルである。

軌道は多摩川の羽村取水堰付近から村山町（現・武蔵村山市）を通り、山口貯水池堰堤まで12.6キロメートルにわたって敷設されていた。

解答　④砂利

64 新選組にゆかりの史跡でないものはどれでしょう。
①石田寺　②高幡不動尊　③百草八幡宮　④大國魂神社

解　説　日野市出身で、新選組の中でも最後まで戦った副長・土方歳三の生家は資料館として開放しているほか、墓がある石田寺（日野市）では5月11日の命日にちなんで5月第2日曜日に「歳三忌」が営まれている。高幡不動尊（日野市）は土方家の菩提寺で、境内に歳三と近藤勇を顕彰する「殉節両雄之碑」と歳三の銅像が立つ。天然理心流3代目宗家だった近藤周助は

上達を祈願して大國魂神社(府中市)に「天然理心流」の額を奉納、4代目を継いだ近藤勇が野試合を行った。

百草八幡宮(日野市)は、京王百草園に隣接する神社で新選組との縁はない。この神社で源頼朝が武運長久を願い、太刀を一振り奉納したと伝わる。奉安殿に安置される銅造阿弥陀如来座像は国重要文化財。

解答　③百草八幡宮

65 下の写真は江戸時代初めに多摩の民政に活躍した人物ですが、それは誰でしょう。

①大久保長安
②岡上次郎兵衛
③高室四郎左衛門
④福村長右衛門

解説　写真の人物は大久保長安(ながやす)。八王子町(現・八王子市)が新たに建設された当初、周辺からの落武者や野武士などが集まってきて騒乱におよぶようなこともあったので、関東を支配する代官を八王子町に集住させた。その代官を統括したのが、江戸幕府の代官頭の大久保長安だった。

解答　①大久保長安

66 江戸時代初めに整備された甲州街道の概要で正しいものはどれでしょう。
①日本橋－甲府－信州・上諏訪、約180キロメートル。38宿場（うち多摩地域に15宿）
②日本橋－甲府－信州・下諏訪、約190キロメートル。40宿場（うち多摩地域に5宿）
③日本橋－甲府－信州・下諏訪、約208キロメートル。45宿場（うち多摩地域に10宿）
④日本橋－甲府－信州・岡谷、約280キロメートル。47宿場（うち多摩地域に8宿）

解説 甲州街道は日本橋から甲府を経て信州・下諏訪へ至る街道で、距離は約208キロメートルあった。内藤新宿から上諏訪まで45の宿場が設けられ、多摩地域にはそのうち10宿が置かれた。多摩地域の宿場は国領宿、下布田宿、上布田宿、下石原宿、上石原宿、府中宿、日野宿、八王子宿、駒木野宿、小仏宿の10宿。

公用交通では信州の高島・高遠・飯田の3藩が参勤交代で利用し、甲府勤番士や代官所の役人が往復していた。

解答　③日本橋―甲府―信州・下諏訪、約208キロメートル45宿場（うち多摩地域に10宿）

67 領主の大幅な増税に反対した農民たちは所払いなどを命じられました。獄中で12人が死亡した事件を何というでしょう。
①宝暦箱訴事件　②天明一揆
③八王子騒立て事件　④天保貼札騒動

解説　1761（宝暦11）年、多摩34カ村を支配していた御三卿のひとつ・田安家は領内の村々に大幅な増税を言い渡し、農民たちは反対運動に立ち上がった。これが**宝暦箱訴事件**である。

　農民たちは田安家の代官に増税免除願いを出したが、満足な回答が得られなかったため、江戸に行き、直接、田安家の郡奉行や家老に訴えた。それでも聞き入れられなかったため、幕府に訴えることを決め、評定所の目安箱に訴状を投函した。その結果ようやく箱訴は受理され、1763（宝暦13）年、判決が言い渡されたが、増税反対の訴えを起こした19カ村の農民たちが罰せられ、12人は獄中で亡くなった。

解答　①宝暦箱訴事件

産業と文化

68 JR中央線国立駅南口の「旭通り」は、朝日が昇るのが見えました。また、「富士見通り」は、富士山が見えたことから名付けられました。

①〇　②×

解説　大正時代末期に箱根土地株式会社が山林開発して開いたまちに駅をつくる際に付けた「国立（くにたち）」の名を、町制に移行する際の1951（昭和26）年、国立町とすることを谷保村議会の投票で決めた。「この地から新しい国が立つ」という願いをこめたという。

　この駅から南に広がるのが大学通り。幅約44メートルあり、開発当時は飛行機の滑走路にも使われていた。いま桜の名所であり、幅

員が約9メートルの歩道は公園を思わせる趣があり、町のシンボルになっている。

　駅から南東に延びるのが旭通りで、名実ともに朝日がさんさんと降り注いでいたことから名付けられた。また、駅から南西に延びる**富士見通り**からは富士山が四季を問わず見られたことからこの名が付けられたという。

解答　①○

---

69 イワナを渓流の王者といえば、ヤマメは渓流の妖精と形容されます。ともに養殖されていません。
①○　②×

解　説　イワナもヤマメも**養殖**されている。東京都農林水産振興財団が開発した「奥多摩ヤマメ」は3年で約1.5キロ（体長40センチ）、4年で約2キロ（体長50センチ）まで成長し、塩焼きだけでなくさまざまな調理法で観光客に提供されている。

解答　②×

---

70 多摩動物公園は東京都が建設し、1958（昭和33）年に開園しました。
①○　②×

解　説　多摩動物公園は上野動物公園の分園として開園した都立の動物園。終戦後、もともと狭かった上野動物園に多くの人が詰めかけるようになったことから、東京都は陸軍戸山学校跡に新宿動物園の建設を計画した。しかし、戸山学校跡に

都営住宅を建てるという連合軍の意向で断念させられた。

　一方、観光立村を目指していた七生村（当時）と京王帝都電鉄（現・京王電鉄）が動物園の誘致を計画。両者は用地買収を進め、その土地を七生村長の名で東京都に寄贈した。建設工事は京王帝都電鉄が引き受け、完成後、都に寄付した。

解答　②×

71 1951（昭和26）年、武蔵野市に5万人収容の競技場がありました。

①○　②×

解説　戦後、武蔵野市に開設された武蔵野競技場は、現在の味の素スタジアムと同規模で、5万人が収容でき、広い更衣室や売店、ビアホールなども備えた本格的なスタジアムだった。1951（昭和26）年4月、東京6大学の春のリーグ戦で初めて使用された。

　もともとは中島飛行機武蔵製作所跡で、通称・グリーンパーク球場と呼ばれていた。競技場の跡地は現在、UR都市機構の団地になっている。

解答　①○

72 大正時代初期に東京府下初の路線バスが運行していたのは調布－国分寺間でした。

①○　②×

解説　京王電氣軌道は新宿から府中までの全線開通を予定していた。そのつなぎとして新宿―笹塚間と調布

―国分寺間(府中経由)で乗合自動車を運行した。調布―国分寺間は東京府下初のバス路線だったが、1年たたないうちに営業休止となった。

解答　①○

73 2006(平成18)年現在、多摩地域の市町村で製造業の事業所数が最も多いのはどこでしょう。
　　①八王子市　②府中市　③立川市　④日野市

解　説　2006(平成18)年の時点で、製造業の事業所数が最も多いのは八王子市(714事業所)。次いで青梅市(314)、瑞穂町(307)の順。府中市は155事業所で7位だった。立川市と日野市は10位以下。

解説　①八王子市

74 八王子出身の童謡作家で『夕焼小焼』の作詞をしたのは次のうち誰でしょう。
　　①中村雨紅　②野口雨情　③西條八十　④野坂昭如

解　説　童謡『夕焼小焼』の作詞をしたのは中村雨紅(1897―1971)。八王子市上恩方町(当時は恩方村)出身。小学校、後に高等女学校の教師をしながら童謡を作詞した。野口雨情に師事し、その名前の「雨」の1字をもらい、雨紅と称した。八王子市にある「夕やけ小やけふれあいの里」の中村雨紅展示ホールでその業績を見ることができる。

解答　①中村雨紅

75 『NARUTO』や『うる星やつら』などのテレビアニメで知られるアニメ制作会社が三鷹市にあります。それは、次のうちどれでしょう。
①竜の子プロダクション　②日本アニメーション
③ぴえろ　④シンエイ動画

解説　JR中央線や西武新宿線沿線にはアニメ制作プロダクションが多く本社を構えている。『NARUTO』や『うる星やつら』などのテレビアニメで知られるぴえろは三鷹駅南口にある。
『ドラえもん』で有名なシンエイ動画は田無駅北口、漫画家の吉田竜夫が設立した竜の子プロダクションは国分寺駅南口、宮崎駿監督作品で有名なスタジオジブリは東小金井駅北口にある。

解答　③ぴえろ

76 問題が不適切だったため、削除しました。

77 作家・遠藤周作は療養のため1963（昭和38）年、多摩地域に転居し、自らの住まいを「狐狸庵」と名付けました。それはどこでしょう。
①武蔵野市　②稲城市　③町田市　④多摩市

解説　芥川賞作家の遠藤周作（1923—1996）は1963（昭和38）年、病気療養のため町田市に転居。新居を「狐狸庵」と名付け、「狐狸庵山人」を雅号とした。1997（平成9）

年、遠藤周作の遺族が町田市に蔵書や遺品を寄付したのを機に、文学資料の収集・保存を目的とする「町田市民文学館ことばらんど」が2006(平成18)年に開館した。

解答　③町田市

78 玉川上水で入水自殺した作家・太宰治の墓がある寺院は、どれでしょう。
①宝仙寺　②月窓寺　③大盛寺　④禅林寺

解説　1948(昭和23)年、太宰治(本名・津島修治)は愛人の山崎富栄と互いの体をひもで結んで三鷹の玉川上水に入水自殺した。当時の玉川上水は水量が多く、流れも速く、人食い川と呼ばれていたほどだった。彼の墓は三鷹市の禅林寺にある。太宰の墓の向かいには森鴎外の墓がある。

解答　④禅林寺

79 武蔵野市に本社を置くファミリーレストランは次のうちどれでしょう。
①サイゼリヤ　②デニーズ
③ロイヤルホスト　④すかいらーく

解説　外食産業の草分け的存在の株式会社すかいらーくは武蔵野市に本社を置く。1970(昭和45)年にファミリーレストラン「すかいらーく」1号店(国立店)を府中市西府町にオープンした。
　同社は業態転換を進め、39年に及んだ「すかいらーく」の営業を2009(平成21)年10月で停止した。

解答　④すかいらーく

80 棺おけの生産が全国トップクラスといわれている多摩の市町村はどこでしょう。
　　①奥多摩町　②檜原村　③日の出町　④あきる野市

解説　日の出町にある協和木工所では、中国・上海にも工場を建設して増産態勢を確立。天然木棺だけでなく、布張棺、キリスト棺などもつくり、生産量は全国トップクラスといわれている。日の出町は卒塔婆の生産も日本一といわれている。

解答　③日の出町

81 武蔵村山市で大正中期から織られるようになった絹織物はどれでしょう。
　　①村山絹布　②黒八丈　③多摩織　④村山大島紬

解説　武蔵村山は昔から綿織物の産地で、江戸末期には正藍染めによる村山紺絣が盛んに織られた。しかし、明治後期の日露戦争後、各地で絹織物の需要が高まったことから絹に転換。大正中期から絹織物の「村山大島紬」が織られるようになった。

解答　④村山大島紬

82 三鷹市果樹組合では、ある果物からワインを製造し、三鷹の名産品として販売しています。この果物は何でしょう。
　　①ブルーベリー　②キウイフルーツ　③ウメ　④カキ

解説 三鷹市果樹組合では市内で収穫しているキウイフルーツを原料に作ったワインを名産品として販売している。やや辛口の白とやや甘口のロゼの2種類がある。

解答　②キウイフルーツ

---

83 次のうちで見学できる工場と所在地の組み合わせで正しいのはどれでしょう。
①サントリー武蔵野ビール工場（武蔵野市）
②キユーピー仙川工場（三鷹市）
③コカ・コーライーストジャパンプロダクツ多摩工場（東久留米市）
④森永乳業多摩サイト（東村山市）

解説 コカ・コーライーストジャパンプロダクツ多摩工場は東久留米市野火止にある。サントリー武蔵野ビール工場は武蔵野市でなく、府中市矢崎町。キユーピー仙川工場は三鷹市でなく、調布市仙川町。森永乳業多摩サイトは東村山市でなく、東大和市立野にある。いずれも見学できる。

解答　③コカ・コーライーストジャパン
プロダクツ多摩工場（東久留米市）

---

84 多摩の自治体が運営するコミュニティーバスで間違った組み合わせはどれでしょう。
①はなバス―西東京市　②グリーンバス―東村山市
③CoCoバス―国分寺市　④くるりんバス―立川市

解説　CoCoバスは国分寺市ではなく、小金井市が運営しているコミュニティーバス。CoCoバスの愛称は公募で選ばれた。「CoCo」は小金井の「Co」とコミュニティーバスの「Co」、さらに「CoCoろ(心)の通うバス」という意味がこめられている。国分寺市では地域バス「ぶんバス」を運行している。

解答　③CoCoバス―国分寺

---

85 多摩に本社がある上場会社でない企業はどれでしょう。
　　①ジョナサン　②サンドラッグ　③松屋フーズ
　　　　※この問題は検定試験後、加筆しました。

解説　サンドラッグは2002(平成14)年9月に、松屋フーズは2001(平成13)年3月に東証1部に上場しました。ジョナサンは上場していません。

解答　①　ジョナサン

---

86 日の出町の工場で生産されている東京ブランドの畜産品はどれでしょう。
　　①東京牛乳　②東京たまご
　　③東京うこっけい　④TOKYO X

解説　日の出町にある協同乳業東京工場は、多摩の酪農家から集乳した牛乳だけを原料とする産地指定牛乳「東京牛乳」を毎日限定生産し、関東エリアに出荷している。「東京たまご」は銀座の和菓子店が製造販売しているお菓子。「東京うこっけい」は都畜産試験場(現・東京都農林総合研究センター)が開発した産卵率の高いうこっけいで、都内各地で飼育されてい

る。「TOKYO X」は同試験場が開発した豚で、都内の養豚農家で飼育されている。

解答　①東京牛乳

87 次のうち、多摩にない温泉はどれでしょう。
①蛇の湯　②つるつる温泉　③いこいの湯　④明神の湯

解　説　多摩地域には古の温泉から、平成に誕生した新しいスパまで多くの温泉がある。「蛇の湯」は檜原村に、「つるつる温泉」は日の出町に、「いこいの湯」は町田市にある。
「明神の湯」は多摩ではなく、足立区にある日帰り温泉施設。

解答　④明神の湯

88 昭和30年代の日本映画黄金期に東洋のハリウッドと呼ばれたまちはどこでしょう。
①調布市　②三鷹市　③武蔵野市　④狛江市

解　説　映画産業が調布の地に根付いたのは約70年前。京都の東活映画社から派遣された本多嘉一郎が撮影所建設候補地を求めて1932（昭和7）年、調査のために調布を訪れた。「水澄み、時代劇・現代劇に最適なり」と京都へ打電し、翌年、多摩川スタジオが完成した。小道具の老舗企業「高津美術装飾」も京都から移転し、映画のまちとしての基礎がつくられた。

戦後、日活が下布田（現・調布市染地）に撮影所を開設し、東京現像所など映画関連企業が集まった。日本映画全盛期の昭和30年代、調布は「東洋のハリウッド」と呼ばれて栄えた。

解答　①調布市

89 大型ショッピングモール「イオンモール武蔵村山ミュー」は、ある工場の跡地にできました。それは、次のうちどの工場だったでしょう。
　　①昭和飛行機工業　②日産自動車
　　③石川島播磨重工業　④日野自動車

解説　イオンモール武蔵村山ミューは2006（平成18）年、日産自動車村山工場の跡地にオープンした。敷地面積13.7万平方メートル。4,300台収容の駐車場を完備。シネマコンプレックスなど娯楽施設や180ほどの専門店が営業している。

解答　②日産自動車

90 大悲願寺（あきる野市）を訪れた武将で、この寺に咲く白萩の美しさに見ほれ、1株所望したと伝えられる武将は誰でしょう。
　　①毛利元就　②伊達政宗　③武田信玄　④上杉謙信

解説　1623（元和9）年、仙台藩主・伊達政宗が大悲願寺を訪れ、後日、「白萩を1株譲ってほしい」と手紙を寄せた。この手紙は「白萩文書」として残り、東京都有形文化財に指定されている。

解答　②伊達政宗

91 次の駅のうち、構内にある商業施設「エキナカ」が2009（平成21）年、グランドオープンしたのはどの駅でしょう。
　　①三鷹駅　②拝島駅　③国分寺駅　④分倍河原駅

解説　駅構内の商業施設「エキナカ」が多摩地域でも次々とオープンしている。中央線三鷹駅の「Dila（ディラ）三鷹」は段階的に整備され、2009（平成21）年6月25日にグランドオープンした。青梅線と八高線が通る拝島駅では三鷹より早く2007（平成19年）8月に「Dila拝島」が開業している。

解答　①三鷹駅

92 日野市ではブルーベリー栽培が盛んで、日野産ブルーベリーを使った加工品が作られています。それは何でしょう。
　　①ワイン　②ジュース　③焼酎　④発泡酒

解説　日野産のブルーベリーを使用した発泡酒「ブルーベリーエール」は日野市の人気商品。日野市内にはブルーベリーの摘み取りができる農園が15カ所あり、例年7月中旬から8月末ごろまで、摘み取りを楽しむ人で賑わう。ちなみに、国内のブルーベリー生産の発祥地は小平市である。

解答　④発泡酒

93 日野市栄町の四谷地区ではウナギを食べない習慣が今も残っています。それはウナギがどうしたからでしょう。
　　①飢饉から守ってくれたから　②地震から守ってくれたから
　　③洪水から守ってくれたから　④火事から守ってくれたから

解説 多摩川右岸に面した日野市栄町のかつて四谷と呼ばれていた地域では、ある年、多摩川が増水して堤防が決壊しそうになったとき、ウナギの大群がやってきて、堤防の穴をふさいでくれたという言い伝えがある。そのため、この地域ではウナギを食べない習慣が残っている。

解答　②洪水から守ってくれたから

94　多摩ニュータウンの下水は、どの川に放流されているでしょう。

　　①鶴見川　②多摩川　③境川　④相模川

解説 多摩ニュータウン開発の際、当初予定されていた30万人分の飲み水をどこから引いてくるか、どこへ排水するかが問題となった。鶴見川に流すと神奈川県に大きな負担をかけるため、南多摩水再生センターへ集め、多摩川へ流すことにした。

解答　②多摩川

95　絵手紙の発祥の地としてキャンペーンしているのはどこでしょう。

　　①狛江市　②調布市　③清瀬市　④東久留米市

解説 狛江市では1981(昭和56)年に「ふみの日記念イベント」として、市内在住の絵手紙創始者・小池邦夫さんを講師に招き、狛江郵便局(当時)内で日本初の絵手紙教室が開かれた。

　2004(平成16)年には絵手紙の発祥の地のシンボルとして丸型の

旧式ポスト"絵手紙メモリアルポスト"を同郵便局前に設置し、市をあげてキャンペーンを行っている。同市は2010（平成22）年、2月3日を「絵手紙の日」と定めた。

解答　①狛江市

96 町田市がリス園を開園するにあたってモデルとしたのはどこでしょう。
　　①鹿児島市平川動物公園
　　②リス村（東京都大島町）
　　③山のふるさと村（奥多摩町）
　　④井の頭自然文化園りすの小径（こみち＝武蔵野市）

解説　町田リス園は、「団地住民が多く、ペットが飼えない市民の欲求を満たす動物園を作ろう」と発案されて開園した。伊豆大島のリス村を訪れた当時の大下勝正市長の考えによるところが大きかったといわれる。大島町からタイワンリス450匹を移入し、1988（昭和63）年に開園した。

解答　②リス村（東京都大島町）

97 全国に先駆けて最初に放送したケーブルテレビはどこでしょう。
　　①八王子テレメディア　②武蔵野三鷹ケーブルテレビ
　　③多摩ケーブルネットワーク　④日野ケーブルテレビ

解説　1980年代半ばからニューメディアがブームとなり、ケーブルテレビ（CATV）が全国に先駆けて多摩に登場。1987（昭和62）年4月1日、都市型CATVとして開局し

た多摩ケーブルネットワークが放送を開始した。

解答　③多摩ケーブルネットワーク

---

98 味の素スタジアム（調布市）をホームグラウンドにしているサッカーJ1チームはどこでしょう。

①FC東京
②東京ヴェルディ
③FC町田ゼルビア
④横河武蔵野FC

解説　味の素スタジアムは2001（平成13）年、東京スタジアムとして開業。命名権（ネーミングライツ）の売却により、2003年3月1日から呼称を味の素スタジアムとしている。5万人を収容できる多摩地域初の本格的な総合競技場で、サッカーJ1リーグのFC東京、J2リーグでは東京ヴェルディがホームスタジアムとして使用している。同スタジアムではアメリカンフットボールなどの試合も行われている。

解答　①FC東京

---

99 甲武鉄道（現・JR中央線）の次に開業した鉄道はどれでしょう。
①川越鉄道（現・西武国分寺線）　②南武鉄道（現・JR南武線）
③横浜鉄道（現・JR横浜線）　④青梅鉄道（現・JR青梅線）

解説　甲武鉄道の開設は1889（明治22）年。青梅鉄道は1894（明治27）年11月19日に開設された。川越鉄道

は同年12月21日、横浜鉄道は1908(明治41)年、南武鉄道は1927(昭和2)年に開設された。

解答　④青梅鉄道(現・JR青梅線)

---

100 野口雨情、壷井栄、宮本百合子、小川未明、伊藤整らの墓があるのはどこでしょう。
　　①多磨霊園　②小平霊園　③八王子霊園　④奥多摩霊園

解説　小平霊園は1948(昭和23)年に都営霊園として開設された。総面積約65万平方メートルで、その半分が墓地、残りは緑地になっている。霊園内の雑木林の中には、黒目川の水源である「さいかち窪」があり、「東京の名湧水57選」のひとつに選ばれている。

解答　②小平霊園

2009年度 知のミュージアム

多摩・武蔵野検定

マスター2級　検定問題と解答・解説　100問

多摩の姿・自然

1 湧水池である井の頭池の水は神田川に注いだ後、最終的に荒川に流れ込んでいます。

①○　②×

解説　1級河川の神田川は井の頭池を源として東に流れ、両国橋のたもとで隅田川に合流している。江戸時代初め、神田川が改修されて神田上水が引かれると、江戸市民の水がめとなり、玉川上水とともに大都市・江戸の飲料水需要をまかなった。

解答　②×

2 首都圏（1都6県）自然歩道「関東ふれあいの道」の起終点となっているのは八王子市の梅の木平です。

①○　②×

解説　「関東ふれあいの道」は、環境省の長距離自然歩道構想に基づいて整備された関東地方1都6県を結ぶ自然歩道。八王子市の高尾山の麓、国道20号沿いの「梅の木平」を起終点に、東京都、埼玉県、群馬県、栃木県、茨城県、千葉県、神奈川県にまたがっている。美しい自然や歴史や文化遺産にふれあうことができる自然歩道で、144コースからなり、総延長は1,655キロメートル。

解答　①○

3 高尾山のたこ杉(八王子市)、塩船観音寺の大スギ(青梅市)、氷川の三本スギ(奥多摩町)は東京都の天然記念物に指定されています。

①○　②×

解説　塩船観音寺の大スギ(青梅市)と氷川の三本スギ(奥多摩町)は東京都の天然記念物に指定されている。高尾山のたこ杉は八王子市の天然記念物に指定されている。

解答　②×

4 多摩地域でも、国指定の特別天然記念物のニホンカモシカ、タンチョウ、ニホンコウノトリ、土佐のオナガドリを見ることができます。

①○　②×

解説　日野市にある東京都多摩動物公園では国指定特別天然記念物のニホンカモシカ、タンチョウ、ニホンコウノトリ、土佐のオナガドリのいずれも飼育し、公開している。武蔵野市にある井の頭自然文化園ではニホンカモシカとタンチョウを、羽村市動物公園ではタンチョウと土佐のオナガドリを見ることができる。

解答　①○

5 現在、多摩地域は30市町村に分かれていますが、町村制が施行された1889(明治22)年には何町村あったでしょう。

①51町村　②71町村　③91町村　④101町村

解説 　市町村制が施行された1889(明治22)当時、多摩には91町村あった。1917(大正6)年には八王子町が八王子市に、1940(昭和15)年には立川町が立川市になる。町村合併により、1945(昭和20)年には63市町村に減少した。その後も市町村合併は進み、2001(平成13年)、田無市と保谷市の合併で西東京市が誕生し、多摩は30市町村となった。

　　　　　　　　　　　　　　　　　解答　③91町村

6　映画などの撮影場所誘致や撮影を支援する機関があります。これらは地域活性化、文化振興などに効果があると活動しているものです。次のうち多摩にない機関はどれでしょう。
①八王子フィルムコミッション　②立川フィルムコミッション
③日野映像支援隊　④東京ロケーションボックス

解説 　官民共同の広域連携を目指して、多摩地域フィルムコミッション連絡会が2009(平成21)年に誕生し、7市(国分寺市、立川市、多摩市、調布市、八王子市、日野市、福生市)が参加している。八王子フィルムコミッションは八王子観光協会が、立川フィルムコミッションは立川観光協会と立川市産業文化部が共同で担当。日野市ではNPO法人日野映像支援隊がロケを誘致し、その製作を支援している。

　東京ロケーションボックスは東京都産業労働局観光部振興課(都庁第一庁舎29階)が実施主体となって、都内ロケ地の紹介やロケ撮影の相談を受け付けている。

　　　　　　　　　　　　解答　④東京ロケーションボックス

7 西日本の温暖地に棲(す)んでいましたが、近年多摩地域などでも鳴き声が聞かれるようになった大型のセミはどれでしょう。

①クマゼミ　②タイワンヒグラシ　③エゾゼミ　④コマゼミ

解説　日本の特産種であるクマゼミの成虫は、体長60-70ミリ。アブラゼミやミンミンゼミに比べて頭部の幅が広いのが特徴。日本産のセミのなかでヤエヤマクマゼミに次いで大きい。元々、九州などの温暖な地域に多いセミで、本州で見られるのは珍しかった。1980年代以降、大阪市をはじめ、西日本の都市部でクマゼミの増加が確認され、1990(平成2)年ごろから関東や北陸地方でも増加傾向にあり、生息域が東進・北上している。この現象は、一般的には地球の温暖化との関連が挙げられるが、これを裏付けるデータは少ないようだ。

解答　①クマゼミ

8 奥秩父主脈縦走の起点になっている雲取山域を「秩父の奥山」と命名した「日本近代登山の父」で、雲取山荘近くに記念レリーフにもなっている登山家は、誰でしょう。

①木暮理太郎　②深田久弥　③田部重治　④新井信太郎

解説　雲取山(2,017.7メートル)は奥秩父主脈縦走の起点となっている。この山域を「秩父の奥山」と命名したのは日本近代登山の父、田部重治と木暮理太郎。英文学者でもある田部は「秩父の奥山」をこよなく愛し、その魅力を「緑の渓谷美」と表現した。雲取山荘の近くに田部のレリーフがあり、毎年6月第3土曜日には山荘で「田部祭」が行われている。

解答③　田部重治

9 玉川上水両岸に小金井サクラ（国指定名勝）を最初に植えたと伝えられる人物は誰でしょう。
　　①大久保主水　②玉川庄右衛門・清右衛門兄弟
　　③川崎平右衛門　　④田中丘偶

解説　玉川上水の両岸には当初、マツやスギが植えられていたが、八代将軍徳川吉宗のころ、幕府の命を受けた府中押立村の名主・川崎平右衛門が小金井橋を中心とする6キロメートルにサクラを植えた。苗は奈良の吉野や常陸の桜川など山桜の名所から取り寄せたといわれている。

解答③　川崎平右衛門

10 国指定天然記念物の府中市馬場大門のケヤキ並木（府中市）を最初に植えたと伝えられる武将は誰でしょう。
　　①源頼朝　②源為朝　③源義経　④源頼義

解説　馬場大門のケヤキ並木は源頼義・義家父子が平安後期の1062（康平5）年、奥州安倍一族の乱を鎮圧し、その帰途、祈願成就の御礼として、ケヤキの苗1,000本を寄進したことに始まるといわれている。その後、徳川家康が関ケ原、大坂両役の戦勝の御礼として馬場を献納し、ケヤキの苗を補植した。現在のケヤキ並木には江戸初期のものが数本残っている。

解答　④源頼義

次の文章を読んで、(　　)に入れる適切な言葉を選んでください。

多摩ニュータウンは、1963（昭和38）年に制定された（ **11** ）を適用し（ **12** ）に都市計画決定された国内最大級のニュータウンです。多摩市、稲城市、八王子市、（ **13** ）にまたがり、面積はおよそ（ **14** ）。当初の計画目標人口30万人は、美濃部都政時代に（ **15** ）に修正され、現在の計画人口は34万人です。人口は、1985（昭和60）年に10万人、2005（平成17）年に20万人を超えました。2005（平成17）年、都市基盤整備は終了しましたが、区域内では民間による住宅や施設建設が今なお行われ、人口も増え続けています。

11 ①新住宅市街地開発法　②首都圏整備法
　　③住宅建設計画法　④首都建設法

12 ①1964（昭和39）年11月　②1965（昭和40）年12月
　　③1966（昭和41）年12月

13 ①町田市　②日野市　③相模原市　④川崎市

14 ①2,000ヘクタール　②3,000ヘクタール
　　③4,000ヘクタール

15 ①37万人　②38万人　③41万人

解説

11 「新住宅市街地開発法」は健全な住宅市街地の開発や居住環境の

良好な住宅地の大規模な供給を目的とする都市計画に関わる法律。多摩ニュータウンはこの法律を適用して開発された。

解答　①新住宅市街地開発法

12　多摩ニュータウンが都市計画決定された1965（昭和40）年はベトナム戦争にアメリカが介入し、北爆を開始した年でもある。日本最初の公団団地は1956（昭和31）年、三鷹市にできた牟礼団地。

解答　②1965（昭和40）年12月

13　多摩ニュータウンは多摩市、稲城市、八王子市、町田市の4市にまたがるが、事業は東京都、日本住宅公団（のちの都市基盤整備公団、現・都市再生機構）、東京都住宅供給公社がそれぞれ分担して施工した。この頃、稲城市、多摩市はまだ市制施行に至っておらず、稲城村、多摩村だった。

解答①　町田市

14　多摩ニュータウンの開発面積は約3,000ヘクタール（正確には2,884ヘクタール）。日の出町（2,808ヘクタール）、府中市（2,934ヘクタール）と同程度の面積で、現在の稲城市（1,797ヘクタール）、多摩市（2,108ヘクタール）よりも広い。

解答②　3,000ヘクタール

15　美濃部亮吉が都知事になったのは1967（昭和42）年4月。その翌年、東京問題専門委員会が第二次提言を行い、①多摩ニュータウン開発は東京都ないしは首都圏の住宅問題に資するためのものであるという視点を貫くこと②多摩ニュータウンにおける住宅は平均水準を超えない大衆性を確保すべき、とした。これを受けて計画人口が41万人に修正された。

解答③　41万人

次の文章を読んで、(　　)に入れる適切な言葉を選んでください。

東京の水需要をまかなうために、大正から昭和にかけて貯水池と浄水場が多摩各地に設置されていきました。

1913(大正2)年に東京市の第一水道拡張事業が始まり、1924(大正13)年に村山上貯水池、1927(昭和2)年に村山下貯水池が竣工しました。この上下の貯水池はまとめて(16)と呼ばれています。

上貯水池と同時に(17)ができました。さらに1934(昭和9)年には(18)が完成しました。

1938(昭和13)年からは第二水道拡張事業が着工され、戦争をはさんで1957(昭和32)年に(19)が竣工しました。しかし、高度経済成長によって水需要はさらに増し、1964(昭和39)年には最大50％の給水制限を実施して、「東京サバク」と騒がれました。その後は増大する水需要を満たすために、水源を(20)水系に求めていきます。こうして多摩地域は高度経済成長期を境として、「水」を供給する側から需要する側に変わっていきました。

16　①多摩湖　②狭山湖　③奥多摩湖

17　①小作浄水場　②境浄水場　③東村山浄水場

18　①多摩湖　②狭山湖　③奥多摩湖

19　①多摩湖　②狭山湖　③奥多摩湖

20　①利根川　②相模川　③笛吹川

解 説

16　東大和市にある**多摩湖**は東京都水道局が管理する村山貯水池の通称。増大する東京市民の水需要をまかなうために建設された。遊園地や桜並木など自然公園に囲まれており、観光に訪れる人も多い。

解答　①多摩湖

17　**境浄水場**は武蔵野市関前にある東京都水道局の浄水場で、村山上貯水池と並行して建設され、上貯水池と同時に稼働した。村山貯水池から送られた水をろ過・殺菌処理して和田堀給水所から千代田区、渋谷区、世田谷区などに給配水している。

解答　③境浄水場

18　所沢市と入間市にまたがる**狭山湖**は山口貯水池の通称で、1934（昭和9）年に完成した。村山貯水池と同様、増大する東京市民の水需要をまかなうために建設された。

解答②　狭山湖

19　**奥多摩湖**は奥多摩町にある小河内ダム（貯水池）の通称。東京の上水道供給のため、1938（昭和13）年に着工。太平洋戦争で一時中断したが、戦後、工事を再開し1957（昭和32）年に完成した。ダム建設により945世帯6,000人余が移転を余儀なくされた。水道専用貯水池としては日本最大級を誇る。

解答③　奥多摩湖

20　東京都の水道は昭和30年代までは、水源の多くを多摩川水系に依存していた。しかし、東京への人口集中と社会経済活動の活発化により水需要が急激に増加し、たびたび渇水が起こるように

なった。このため国と都は利根川水系の水資源開発を進め、現在は約80％を利根川・荒川水系から取水している。

解答①　利根川

次の文章を読んで、（　　　）に入れる適切な言葉を選んでください。

> 多摩の面積は、島しょ部を除く東京都の面積の（ 21 ）を占め、人口は30市町村で約400万人、国に例えると（ 22 ）に近い人々が生活しています。また、仮に「多摩県」として独立すれば商業規模などは（ 23 ）前後に位置します。
>
> エリア内には80ほどの大学、短大、高等専門学校が集まり、学生や若い層の比率も比較的高いです。少子高齢化のなかにあって人口は（ 24 ）が続いています。
>
> 21 ①約4分の3　②約3分の2　③約2分の1　④約3分の1
>
> 22 ①ニュージーランド　②デンマーク　③スイス　④モンゴル
>
> 23 ①5位　②10位　③15位　④20位
>
> 24 ①急増　②微増　③現状維持　④微減

解説

21　島しょ部を含む東京都の面積は約2,187平方キロメートルで、島しょ部（約400平方キロメートル）を除くと約1,787平方キロメートルになる。多摩地域の面積は約1,160平方キロメートルで、島しょ部を除く東京都の面積の約65％にあたる。

解答②　約3分の2

22　ニュージーランドの人口は約400万人だが、面積は約27万平方キロメートルに及ぶ。東京都の人口は約1,300万人。そのうち島しょ部の人口は約3万人。都民の約3分の1が多摩に在住している。

解答①　ニュージーランド

23　多摩をひとつの県とした場合、多摩の人口は福岡県（9位）に次ぎ、静岡県（11位）よりも多い。事業所数は新潟県に次いで13位、従業員数では11位となっている。このことから、1事業所あたりの従業員の数が多い、つまり規模の大きな事業所が他県に比べると多いことが分かる。

解答②　10位

24　多摩の人口は2005（平成17）年1月が403万8,215人、2006（平成18）年1月が406万2,741人、2007（平成19）年1月が408万5,209人、2008（平成20）年1月が411万3,105人、2009（平成21）年1月が413万6,132人、2010（平成22）年1月が416万373人と微増が続いている。

解答②　微増

歴史と遺産

25　多摩地域では環濠集落とよばれる大規模な弥生時代の集落遺跡が多数発見されています。

①○　②×

解説　多摩地域の弥生時代の集落遺跡は包蔵地を含めて約290カ所と少なく、多摩地域の弥生時代はやや低調であった。環濠集落（かんごうしゅうらく）は、2010（平成22）年現在、鶴見川の上流域にある中期前半の東雲寺上遺跡（町田市）が知られるだけである。

解答　②×

26 多摩地域でも小銅鐸と呼ばれる弥生時代の小形の銅鐸が出土しています。

①〇　②×

解説　青銅でできた小銅鐸が中郷遺跡（八王子市）から出土している。多摩地域で発見された弥生時代の青銅器は数が少ない。ほかには館町遺跡（八王子市）の銅鏡、弁財天池遺跡（狛江市）の銅釧（どうくしろ）（青銅製の腕輪）がある。

解答　①〇

27 古墳時代の初め頃（4世紀代）になると、竪穴住居の床面のほぼ中央に設けられた囲炉裏に代わって、壁面にカマドが設けられるようになります。

①〇　②×

解説　竪穴住居は、地面を掘り下げた平面に建てた住居。屋根はアシやカヤなどの茎で葺き、床の周囲に溝を巡らし、屋根の軒先は地面付近に下げていた。炉は地床炉（じしょうろ）が多いが、石組炉もみられる。炉は古墳時代前期まで見られるが、中期になると壁にかまどをしつらえるようになる。かまどは時代とともに発達し、壁の外へ向かって張り出していくようになる。

解答　②×

28 多摩地域では戦国時代、多くの山城や平山城、館が築かれました。中世の城館跡が最も多く見つかっている地域は北多摩地域です。

①○　②×

解説　多摩に拠点を構えた二大勢力は大石氏と三田氏。大石氏は高月城や滝山城などに城をかまえ、八王子を中心に府中、あきる野、所沢、飯能の広い地域を支配していた。一方の三田氏は勝沼城（青梅市）を拠点に多摩川上流域を支配していた。このように城館跡は多摩の南側と西側に多く見られる。

解答　②×

29 高幡山明王院金剛寺（日野市）にある木造不動明王像（重要文化財）は像高285.5cmで、平安時代に造られた木造の不動明王坐像では日本で最も大きなものです。

①○　②×

解説　この不動明王座像が安置されている不動堂は金剛寺を代表する建物で、どちらも平安時代に建てられた。平安時代につくられた木造の不動明王坐像の中では最も大きな像といわれており、北朝方として出陣した武将・山内経之（やまのうちつねゆき）の手紙が像内から多数発見された。手紙には、戦いの苦しさや留守中の領地、家族への思いなどが記されている。

解答　①○

30 悲願山善明寺(府中市)にある鉄造阿弥陀如来坐像(重要文化財)は、江戸時代までは大國魂神社境内にあったと伝えられています。

① ○　② ×

解説　鉄造阿弥陀如来坐像は、高さ170センチメートル、重さ380キログラム。鎌倉時代の1253(建長5)年の年号が記されている。江戸時代に大國魂神社に祀られていたが、明治の神仏分離政策で善明寺に移された。

この坐像を大鉄仏というのに対して、小鉄仏は高さ99センチメートル、重さ60キログラムの阿弥陀如来立像(重要文化財)を指す。元は大國魂神社近くの淨照寺の本尊だったといわれ、大鉄仏とともに善明寺に祀られている。

解答　① ○

31 八王子千人同心の塩野適斎が書いた桑都日記稿本(都指定文化財)は、千人同心の日々の生活を記録した貴重な文献です。

① ○　② ×

解説　『桑都日記』は八王子千人同心の組頭で、文武に優れていた塩野適斎が文政期から天保期にかけて編纂した大著。八王子千人同心の歴史と多摩の地誌などをまとめ、幕府に献上した。東京都有形文化財(古文書)に指定され、現在、八王子市郷土資料館に寄託されている。

解答　② ×

32 金龍山信松院（八王子市）は武田信玄の五女松姫（信松尼）が開いた寺ですが、寺に伝わる木製軍船ひな形（都指定有形文化財）は、武田水軍が小田原北条氏との海戦に使った軍船の模型といわれています。

①○　②×

解説　信松院にある木製軍船ひな形は2艘あり、文禄・慶長の役（1592—98）に使用した軍船を模したものと伝えられている。檜材、竹材でつくられた縮尺25分の1の精巧な模型である。なお、文禄・慶長の役は、豊臣秀吉が明の征服を目指して朝鮮に出兵した朝鮮半島の戦いである。

解答　②×

33 1881（明治14）年に起草された五日市憲法草案（都指定有形文化財）の中心人物となった千葉卓三郎は会津藩士です。

①○　②×

解説　五日市憲法草案の中心人物である千葉卓三郎は仙台藩士。戊辰戦争で敗軍の兵となり、各地で思想と宗教の遍歴を経て、五日市勧能学校（現・あきる野市立五日市小学校）の教員となる。明治維新後、各地で自由民権運動が広がり、五日市でも民権結社・学芸講談会が組織され、議論するなかから五日市憲法草案が生まれた。

解答　②×

34 国指定史跡の深大寺城跡（調布市）は、1537（天文6）年、関東管領山内上杉憲政が小田原の北条氏綱に対抗するために古城を再築したもので、土塁や空堀跡が残っています。
①○　②×

解説　北条氏綱に江戸城を奪われた扇谷上杉朝興（ともおき）の遺志を継いだ息子朝定が再築城したのが「ふるき廓」（くるわ）（古城）の深大寺城である。しかし、扇谷上杉の拠点だった川越城が攻め落とされて深大寺城は放棄され、小田原北条氏もこの城を活用しなかった。

　関東の城館跡の多くは小田原北条氏が改修などをして手を加えたが、深大寺城は手を加えられておらず、扇谷上杉氏系の築城技術を残している。関東の城郭の変遷を物語る貴重な存在で2007（平成19）年に国の史跡に指定された。今も郭の空堀や虎口などが見られる。

解答　②×

35 縄文時代前期末から中期の初めにかけて、敷石住居と呼ばれる床面に平らな石を敷いた住居が出現します。
①○　②×

解説　縄文時代早期は数戸の竪穴式住居で集落を形成していたが、前期には広場を囲んで集落を構成するようになった。丸木舟をつくり、漁労活動を開始。土器の種類も増え、平底土器が一般化した。

　縄文中期の集落は、さらに大規模になった。ドングリよりも食べやすいクリを植林するようになり、しかも植林は大規模化してき

た。石柱祭壇も見られ、土器はさらに大型化した。**敷石住居**が出現するのは中期終末とみられている。東京都埋蔵文化財センター（多摩市）の遺跡庭園で復元した敷石住居が見られる。

解答　②×

---

36 多摩出身の民政家・田中休愚（丘隅）に関する事柄で間違っているのはどれでしょう。
① 幕府に登用され、武蔵野新田の開発や多摩川の治水工事に功績を残した
② 自らの体験にもとづく民政に関する意見書『民間省要』を将軍吉宗に献上した
③ 東海道川崎宿で本陣を営む田中家の養子となった
④ 墓が広済寺（あきる野市）に建立されており、都の文化財に指定されている

解説　武蔵野新田開発に功績を残したのは川崎平右衛門である。田中休隅（丘隅）は多摩川だけではなく、荒川や酒匂川の治水工事でも功績を残した。

解答　①

---

37 発掘調査で明らかになった武蔵国府跡の様相で、正しいのはどれでしょう。
① 隣国の相模国のように国府は移転していることが確実である
② 国府の北西の隅を祀ったらしい神社の跡が発掘された
③ 正税（稲）を蓄えておく倉庫（正倉）群が見つかっている
④ 国府の官人の勤務状況を示す木簡が発掘された

解 説　奈良や京都を中心とした奈良・平安時代には60あまりの国が置かれていた。各国には郡、さらに郷が設置されていた。各国の役所には都から派遣されていた国司が絶大な権力を持っていた。その役所の所在地を「国府」と呼んでいた。武蔵国の国府は府中に置かれ、21郡という広い国であった。国司の数も多く、守、介、大掾、少掾、大目、小目という役職があり、彼らを補佐する史生も都から派遣されていた。

国府の中心である国庁を核とした役所群（国衙）にあった大國魂神社境内の東側一帯から、大きな溝に囲まれ整然と配置された大型の掘立柱建物や礎石建物の跡が見つかっている。武蔵国の各郡の名前を記した古代レンガ（磚）や瓦が出土したことから国を挙げて建設したことを物語っている。国史跡の範囲となっている府中市宮町に大型建物跡部分を整備して公開している。

　　解答　②国府の北西の隅を祀ったらしい神社の跡が発掘された

---

38 発掘調査で明らかになった武蔵国分寺跡の様相で、間違っているのはどれでしょう。
①金堂は全国の国分寺のなかでも最大規模を持つ
②七重塔跡の近くで近年もう一つの塔跡が発見された
③大量の瓦は、埼玉県比企郡の窯ですべて生産された
④出土する瓦に武蔵国内の郡名・郷名が多く記されているのが特徴である

解 説　奈良時代の8世紀半ば、政界の動揺や疫病の流行などを仏教の力で治めようとした聖武天皇は、国ごとに国分寺と国分尼寺を建てることを命じた。武蔵国の国分寺、国分尼寺は、現在の府中市にあった武蔵国国府の北、現在の国分寺市に設けられた。武蔵国分寺は七重塔を構える壮大な寺院で、全国最

大規模だった。
　多摩丘陵の**南多摩窯跡群**（稲城市、八王子市、町田市）などから武蔵国分寺の創建時の屋根瓦を焼いた窯が発掘されている。

　　解答　③大量の瓦は、埼玉県比企郡の窯ですべて生産された

39 多摩地域に本拠を持たないが、平安時代末に武蔵国留守所惣検校職として国府の行政を統括する立場にあった武士の一族は何でしょう。
　　①小野氏　②江戸氏　③横山氏　④秩父氏

解説　平安時代後期の11世紀になると、地方政治の主役は都から任命される受領に替わり、国衙（こくが）（国府の中心施設）に集まる在庁官人と呼ばれる有力な豪族層に委ねられていった。武蔵国衙の在庁官人として有名なのは秩父郡を本拠としていた秩父氏である。

　　　　　　　　　　　　　　　　　　解答　④秩父氏

40 小平ふるさと村にある文化財建築はどれでしょう。
　　①旧小平小川郵便局舎　②旧小平鈴木水道局舎
　　③旧天神保健所　④旧美園保健所

解説　小平ふるさと村は、江戸初期の玉川上水の開通によって開発された新田村落である小平の文化遺産を後世に伝えようと1993（平成5）年にオープンした。市有形文化財の旧小平小川郵便局舎、旧神山家（こうやまけ）住宅主屋、旧鈴木家住宅穀櫃（こくびつ）、旧小川家玄関棟を移築・復元してあるほか、開拓当初の復元住居、水車小屋、消防小屋などもあり、江戸初期から近代までの小平をしの

ばせる建物が並んでいる。小平産の地粉を使った小平糧(かて)うどんも味わえる。入園無料。西武新宿線小平駅下車、徒歩20分。

解答　①旧小平小川郵便局舎

41 明治天皇がかつて連光寺村(現・多摩市連光寺)を訪れた目的は何でしょう。
①狐狩　②鷹狩　③兎狩　④紅葉狩

解説　明治天皇は1881(明治14)年と82年、84年の3回にわたり、現在の多摩市連光寺を訪れている。81年2月のときは旧家・富沢家を行在所とし、兎狩りを楽しんだ。明治天皇紀(第六)は「連光寺村に兎狩りを行わせたまふ、天皇兎狩の遊を好み」と伝えている。

旧多摩聖蹟記念館は、明治天皇の行幸を記念して建てられたものである。

解答　③兎狩

42 多摩地域で旧石器時代の遺跡が最も多く発見されているのはどの流域でしょう。
①秋川　②浅川　③野川　④大栗川

解説　人類の出現から農耕文化が始まるまでの時代を旧石器時代と呼ぶ。国分寺市、小金井市、三鷹市、調布市を流れる野川の流域約20キロメートルには、これまでに70カ所以上の旧石器時代の遺跡が確認されている。野川の源流に近い熊ノ郷遺跡(国分寺市)の赤土の中から縄文時代以前の石器が出土するなど、大規模な発掘調査が行われ、野川流域は日本の旧石器時代研

究の中心地域になっている。

解答　③野川

43 多摩地域には八王子市の椚田遺跡（国指定史跡）など大規模な縄文時代の集落跡がありますが、最も多く集落が営まれた時期はいつでしょう。
　　①縄文時代早期　②縄文時代前期
　　③縄文時代中期　④縄文時代後期

解説　多摩地域で遺跡が爆発的に増加するのは縄文時代中期。生産力の高まりが人口増加をもたらしたと考えられ、広場を中心に住居が取り囲む環状集落が発達した。椚田遺跡、多摩ニュータウンNo.72遺跡など、100軒を超す大規模な拠点集落が多摩各地に出現した。

解答　③縄文時代中期

44 東村山市の下宅部遺跡からは、漆塗りの弓、杓子、土器など漆工関係の道具（都指定有形文化財）が多く出土しています。その時代はいつでしょう。
　　①縄文時代　②弥生時代　③古墳時代　④奈良時代

解説　下宅部遺跡は縄文時代後期の遺跡である。漆塗りの木製容器や飾り弓、加工材など豊富な木製品のほか、食料となったイノシシの骨、トチ、クルミが大量に出土した。

解答　①縄文時代

45 2003(平成15)年に府中市の熊野神社境内から発見された7世紀中頃の武蔵府中熊野神社古墳(国指定史跡)は、全国でも数少ない珍しい形の古墳です。何と呼ばれるでしょう。

①円墳
②前方後円墳
③上円下方墳
④方墳

解　説　武蔵府中熊野神社古墳(府中市)は、円墳と方墳を上下に組み合わせた国内最大最古の上円下方墳といわれる。3室からなる複室構造の「切石切組積横穴室」がある。被葬者は不明だが、武蔵国の国府設置直前に大きな力を持っていた人物の墓と考えられている。

解答　③上円下方墳

46 武蔵国分寺創建にあたって屋根瓦が武蔵国内各地で焼かれましたが、多摩郡で国分寺瓦を焼く窯があった場所はどこでしょう。

①武蔵野台地　②草花丘陵　③加住丘陵　④多摩丘陵

解　説　武蔵国分寺の創建時に屋根瓦を焼いた窯跡が稲城市、八王子市、町田市などの多摩丘陵で発見された。これを南多摩窯跡群という。

解答　④多摩丘陵

47 1988(昭和63)年、府中市武蔵台遺跡の住居跡から757(天平勝宝9)年の年号が書かれた奈良時代の漆紙文書が発見されました。これは何を記したものでしょう。
①荷札 ②戸籍 ③暦 ④日記

解説 国分寺跡西方の武蔵台遺跡(府中市武蔵台)からは757(天平勝宝9)年の暦を再利用した漆紙文書が出土した。この年代には国分寺の造営事業が最終段階に入っていることを物語る発見となった。

解答 ③暦

48 東村山市にある金剛山正福寺地蔵堂(国宝)は、鎌倉の円覚寺舎利殿と同じく唐様の禅宗寺院建築ですが、建立されたのはいつの時代でしょう。
①室町時代 ②平安時代 ③鎌倉時代 ④江戸時代

解説 正福寺地蔵堂は、室町時代の1407(応永14)年に建立されたと伝えられ、建築物としては都内唯一の国宝である。鎌倉の円覚寺舎利殿とともに唐様建築の代表的な建物。堂内には小地蔵尊像がたくさんあり、千体地蔵堂とも呼ばれている。

地蔵堂の内部は8月8日、9月24日、11月3日の3日間、一般公開される。西武新宿線東村山駅下車、徒歩10分。

解答 ①室町時代

49 都内に現存する最も古い室町時代の神社の本殿建築はどれでしょう。
　①豊鹿島神社本殿（東大和市）　②虎柏神社本殿（青梅市）
　③武蔵御嶽神社旧本殿（青梅市）　④大國魂神社本殿（府中市）

解説　豊鹿島（とよかしま）神社本殿は1466（文正元）年建立と伝えられ、都指定有形文化財に指定され、東京で一番古い室町時代の神社本殿といわれている。

青梅市の御岳山上にある武蔵御嶽（むさしみたけ）神社旧本殿（常磐堅磐社（ときわかきわしゃ））は、1511（永正8）年建立。同じ青梅市の虎柏神社本殿は1734（享保19）年建立の三間社神社建築である。大國魂神社本殿は火事で焼けた後、4代将軍徳川家綱の命で1667（寛文7）年に再建された。

これら4つの神社本殿は、いずれも東京都の有形文化財に指定されている。

　　　　　　　　　解答　①豊鹿島神社本殿（東大和市）

50 次の住宅（古民家）で建築年代が最も古いものはどれでしょう。
　①旧永井家住宅（重要文化財＝町田市）
　②旧宮崎家住宅（重要文化財＝青梅市）
　③旧吉野家住宅（都指定有形文化財＝青梅市）
　④青木家住宅（市指定有形文化財＝町田市）

解説　町田市の薬師池公園内にある旧永井家住宅は、都内では最古の農家住宅のひとつとして国の重要文化財に指定されている。茅葺入母屋造で軒が低く古い形式を備えている。間取りは江戸時代前期から中期にかけての広間型で、構造手法から見て17世紀末ごろに建築されたと推定されている。

旧宮崎家は19世紀初頭、旧吉野家は1855（安政2）年に建築された古民家。青木家住宅は江戸時代後期の地主の家屋で、近世民家の旧態を留めている。

解答　①旧永井家（町田市）

---

51 多摩地域にある近代の国登録建造物は、次のうちどれでしょう。

　　①JR旧国立駅駅舎（国立市）
　　②JR日野駅駅舎（日野市）
　　③東京農工大学農学部本館（府中市）
　　④小机住宅（あきる野市）

解説　国の登録建造物に指定されている東京農工大学農学部本館は1934（昭和9）年、駒場にあった東京帝国大学農学部実科が独立し、東京高等農林学校となって府中に移転した際に建てられた実科の本館兼講堂であった。中央部に時計を据え、正面中央部以外は2階建てで、上から見ると全体がE字型となっている。3連アーチ形の玄関上部はアールデコ調の装飾設計。設計は帝大総長を務めた内田祥三（よしかず）を中心とした日本の近代建築を手がけたメンバー。

日野駅は1937（昭和12）年に、多摩の農家づくりで建てられた木造平屋の駅舎。国立駅舎だった三角屋根の建物は1925（大正14）年建造で、中央線が高架になる際に保存運動が起き、国立市で建材を保存している。小机住宅は1875（明治8）年ごろに建てられた和洋折衷様式の2階建てで、東京都の有形文化財に指定されている。

解答　③東京農工大学農学部本館（府中市）

52 平安時代末期になると末法思想に基づき経文を埋める信仰が広まります。中山白山神社（八王子市）経塚群出土品（都指定有形文化財）に書かれている経文は何でしょう。
　①法華経　②阿弥陀経　③金光明経　④般若心経

解説　経塚群出土品は、平安時代に僧・弁智ら武蔵国舟木田荘の有力者が末法思想により経典を書写し、仏法滅亡後の経典の消滅に備えて地下に埋蔵した経塚から発見されたもの。中山白山神社は1590（天正18）年に豊臣秀吉軍の八王子攻めで焼失したが、1613（慶長18）年に再建された。

　出土したのは法華経の経文で奥書に1154（仁平4）年の紀年銘のあるものが6巻あり、埋蔵された時代が平安後期であることが分かった。都指定有形文化財で、八王子市郷土資料館に収蔵されている。

　　　　　　　　　　　　　　　　　　解答　①法華経

53 普濟寺（立川市）にある六面石幢（国宝）と呼ばれる石造物に浮き彫りにされている仏像は何でしょう。
　①明王像　②四天王像　③地蔵像　④如来像

解説　国宝の六面石幢は高さ166センチメートル、幅42センチメートルの秩父青石と呼ばれる緑泥片岩の板石6枚を柱状に組み合わせたもので、金剛力士像と四天王像が刻まれている。1361（延文6）年に性了が建立し、道円が刊刻したもので、考古資料部門の国宝としては、制作年代が最も新しいといわれている。

　　　　　　　　　　　　　　　　　　解答　②四天王像

54 旧下田家住宅（羽村市）と共に国指定重要有形民俗文化財に指定されている同家の生活用具で、主体となっている民具は何でしょう。

①漁労具　②農耕具　③養蚕具　④食器類

解説　旧下田家住宅は武蔵野台地西部（羽村地域）の一般的な農家の姿を今に伝える入母屋造の茅葺民家。1847（弘化4）年に建てられた住宅で、旧来の生活様式をよく守り、建物の改造が少ないことから、この民家で使用されていた養蚕具などと建物計1,210点が「羽村の民家（旧下田家）とその生活用具」として国重要有形民俗文化財の指定を受けた。

　同住宅は羽村市羽西にあったが、1982（昭和57）年、羽村市郷土博物館の敷地内に移築復原された。

解答　③養蚕具

55 都指定無形文化財の八王子車人形は、ロクロ車と呼ばれる台車を使った一人遣いの人形芝居ですが、ロクロを考案した山岸柳吉の出身地はどこでしょう。

①江戸　②八王子　③武州高麗郡　④淡路島

解説　八王子車人形は、武州高麗郡（現・埼玉県飯能市）出身の初代西川古柳（山岸柳吉）によって江戸時代末に考案された。文楽系の三人遣いを、「ろくろ車」と呼ばれる車をおさめた箱に腰掛けて操る一人遣いに改良。右手で人形の右手、左手で人形の左手と首、さらに指で目・口・眉を動かす。人形使いは舞台に直接足をつけて演技ができるため、独自の躍動感が生まれる。

解答　③武州高麗郡

56 江戸時代、多摩丘陵の名主小島家の当主がつづった小島日記には、ある出来事が詳しくつづられています。その出来事とは何でしょう。
①ペリー来航　②シーボルト事件
③天明の大飢饉　④島原の乱

解説　小島日記は多摩丘陵のほぼ中央に位置する小野路村（現・町田市）の小島家当主が、1836（天保7）年から1921（大正10）年までの四代86年間にわたって書き留めた日記。1854（嘉永7）年のペリー再来航時、国中の人たちがアメリカ側との交渉の成り行きを「薄氷を踏む思い」で見守っていること、さらにペリー退去の祈祷を行ったことなどが書かれている。

　小島日記は、小島家第二十三代当主が邸宅内に開設した小島資料館に所蔵されている。

解答　①ペリー来航

57 国の重要有形民俗文化財に指定され、その地方の一般的な農家の姿を伝える入母屋造の茅葺民家はどれでしょう。
①旧下田家住宅（羽村市）　②旧有山家住宅（多摩市）
③旧荻野家住宅（町田市）　④旧河内家住宅（府中市）

解説　旧下田家住宅は羽村やその周辺の一般的な農家の姿を伝える入母屋造の茅葺民家。この民家で使用されていた養蚕具などとともに国の重要有形民俗文化財に指定されている。

旧有山家住宅は多摩市指定文化財、旧荻野家住宅は薬剤室や診療室を備えた農村部医師家屋で東京都指定有形文化財。旧河内家住宅は府中市指定文化財である。

解答　①旧下田家住宅（羽村市）

次の文章を読んで、（　　　）に入れる適切な言葉を選んでください。

> JR南武線と（ 58 ）が交わる府中本町駅を降りると、間近に見える緑の杜が大國魂神社です。武蔵総社としての由緒を持ち、江戸時代までは六所宮と呼ばれていました。
>
> 今も毎年（ 59 ）を中心に行われる例大祭は、国府の祭を起源に持つといわれ、くらやみ祭として有名です。
>
> この神社境内の東側一帯が古代武蔵国府の中枢部である国衙（こくが）域であることが発掘調査で明らかになりました。東西2.2キロメートル　南北最大1.8キロメートルの範囲に広がる街の様相も具体的にわかってきました。
>
> 国府の北方約2.5キロメートルのところには武蔵国分寺と国分尼寺の壮麗な伽藍が立ち並んでいたはずです。国分寺の（ 60 ）は高さ60メートルほどもあったと推定されます。国分寺跡は発掘と保存運動が早くから行われ、現在は歴史公園としての整備が進んでいます。
>
> 国府と国分寺の間は、（ 61 ）と呼ばれる幅12メートルの道路が南北に通じているほか、国府から僧寺と尼寺に向かう三叉路と門の跡も見つかっています。
>
> この近くには府中刑務所があり、北側の塀は（ 62 ）に起きた三億円強奪事件の現場でもあります。
>
> **58**　①京王線　②西武多摩川線　③中央線　④武蔵野線

59 ①3月3日　②5月5日　③7月20日　④9月9日

60 ①五重塔　②七重塔　③九重塔　④多宝塔

61 ①東山道武蔵路　②東海道武蔵路
③鎌倉街道上道　④鎌倉街道中道

62 ①1948（昭和23）年　②1960（昭和35）年
③1968（昭和43）年　④1977（昭和52）年

解　説

58　武蔵野線は横浜市の鶴見駅と千葉県の西船橋駅を結ぶJR東日本の鉄道路線。このうち旅客営業は府中本町（府中市）を起点として多摩地域では、北府中（府中市）、西国分寺（国分寺市）、新小平（小平市）、新秋津（東村山市）を通り、埼玉県を経由して西船橋へ至る。府中本町駅―鶴見駅間は貨物路線。

解答④　武蔵野線

59　大國魂神社の例大祭（くらやみ祭）は4月30日から5月6日まで行われ、5月5日に行われるみこし渡御はかつて、深夜、街の明かりをすべて消した暗やみの中で行われたため「くらやみ祭」と呼ばれ、親しまれてきた。

大國魂神社では、その他に節分祭（2月）、すもも祭（7月）、酉の市（11月）なども行われている。

解答②　5月5日

60　741（天平13）年、聖武天皇により国分寺建立の詔(みことのり)が出され、国ごとに国分寺と国分尼寺が建てられた。武蔵国分寺は全国の国分寺の中でも最大級の規模で、**七重塔は高さが60メートル**もあったとみられる。835（承和２）年、落雷にあって焼失。10年後に再建されたが、その後、再び焼失した。国分寺の金堂や講堂は分倍河原の合戦で焼失したと伝えられているが、七重塔がいつ焼失したかは不明。

　　　　　　　　　　　　　　　　　　　解答②　七重塔

61　東山道武蔵路は武蔵国を南北に通って、武蔵国府と上野国を結ぶ官道で７世紀後半に造成された。国分寺市で東山道武蔵路の遺構が大規模に発見され、一部が保存されている。府中に国府が置かれた理由のひとつは、この道路と多摩川の交点で南北・東西のルートアクセスが良かったため、とされている。

　　　　　　　　　　　　　　　　　解答　①東山道武蔵路

62　３億円事件は1968（昭和43）年12月10日午前９時30分ごろ、府中刑務所北側で起きた。東芝府中工場の従業員のボーナスを運んだ日本信託銀行国分寺支店の現金輸送車がニセ白バイの警官に止められ、車ごと奪取された。戦後史に残るモンタージュ写真のかいもなく、７年後に時効が成立した。

　　　　　　　　　　　　　　　　解答　③1968（昭和43）年

次の文章を読んで、（　　）に入れる適切な言葉を選んでください。

標高（ 63 ）メートルの御岳山は、古くから霊山と崇められ、山頂に立つ武蔵御嶽神社は736（天平8）年に僧行基が（ 64 ）を祀ったとの伝承があります。江戸時代には徳川幕府の祈願所となり、幕府から朱印地30石の寄進をうけ、社殿の造営が行われています。

その頃に至ると、修験道の山としての性格は薄れ、庶民が盗難と火除け、養蚕、安産などの守護神として信仰し、関東や中部地方を中心に広範囲に（ 65 ）が結成され、代参による参詣も盛んに行われていました。

山内の運営は神主・僧・（ 66 ）の三者による合議制がとられ、布教活動を行う（ 66 ）の集落が山頂付近に形成されていました。

武蔵御嶽神社には国宝や重要文化財が数多くあり、東京都指定無形民俗文化財の（ 67 ）も江戸時代から受け継がれており、年2回公開されています。

63 ①599　②929　③1267　④1405

64 ①蔵王権現　②飯縄権現　③山王権現　④東照権現

65 ①御嶽講　②伊勢講　③秋葉講　④大山講

66 ①山主　②名主　③檀那　④御師

67 ①鹿島踊　②鳳凰の舞　③式三番　④太々（だいだい）神楽

解説

63　秩父甲斐多摩国立公園にそびえる御岳山は標高929メートル。山頂にある武蔵御嶽神社は崇神天皇7（紀元前91）年の創建とされ、古くから関東の霊山として信仰を集めてきた。

解答　②929

64　僧行基が東国鎮護を祈願して蔵王権現の像を安置したと伝えられている。蔵王権現は7世紀ごろの山岳修験行者・役小角が吉野の金峯山で修行中に示現したといわれ、修験道の神として信仰された。

解答　①蔵王権現

65　御嶽講とは武蔵御嶽神社を信仰する人たちの講のことで、関東や中部地方を中心に各地に結成された。毎年決まった時期に神社へ参拝に訪れ、御師の家に宿泊した。講の参拝記念の碑が参道に数多く建てられている。

解答　①御嶽講

66　御師とは、神社への引率案内、祈祷、宿泊、守り札配付などの便をはかる神職のこと。武蔵御嶽神社の信仰圏拡大には御師の活躍が大きいといわれている。

解答　④御師

67　太々神楽は武蔵御嶽神社に江戸時代から伝わる神楽で、出雲神楽の流れをくみ、舞い手は神職の男性に限られる。素面神楽と面神楽の2種類あり、面神楽は神話や伝説をもとに舞う。年に3回、一般公開する。

解答　④太々神楽

産業と文化

68 日野市にある都住宅供給公社の平山住宅は遊園地の跡地に建てられました。その遊園地は「鮫陵源(こうりょうげん)」でした。

①○ ②×

解説 鮫陵源は1936(昭和11)年に開園。当時としては珍しい洋風の遊園地で、鮫陵源独特の遊びとして考案されたウッドボールゴルフ、プール、釣り堀、ジャンボすべり台などの施設があった。戦争の激化で1943(昭和18)年末に営業停止。戦後の一時期、日本館を使って料亭「鮫陵源」が復活したが、1955(昭和30)年に廃業した。跡地には東京都住宅供給公社の平山住宅が建った。

解答 ①○

69 昭和恐慌の対策で、当時の日野町が誘致した「日野五社」のうちの神鋼電機の跡地は、現在、都立日野台高校と市立大坂上中学校になっています。

①○ ②×

解説 昭和10年代、日野町に誘致されて移ってきたのが「日野五社」といわれる吉田時計店(現・オリエント時計)、六桜社(現・コニカミノルタホールディングス)、日野重工業(現・日野自動車)、富士電機、神戸製鋼所東京研究所(現・シンフォニアテクノロジー)。そのひとつ、神鋼電機は1978(昭和53)年に撤退、その跡地に翌年、都立日野台高校と市立大坂上中学校が

開校した。

解答　①○

70 仲間由紀恵主演の学園ドラマ『ごくせん』シリーズ3作目のロケ地となった立川市の錦第二公園のシンボルである鬼の建造物が携帯電話のストラップになっています。

①○　②×

解説　昭和40年代、立川南口まちづくり区画整理事業で錦第二公園ができたとき、この場所が立川の表鬼門にあたることから、まちの鬼門を守るものとして、鬼をモチーフとしたすべり台が設置された。同公園は通称オニ公園と呼ばれるようになり、テレビドラマ『ごくせん』や漫画『聖☆おにいさん』にも登場。立川観光協会では「錦第二公園プロジェクト」を立ち上げ、2009（平成21）年春、オニのすべり台をかたどった携帯電話ストラップを作成した。ストラップはイベントのときなどに販売される。

解答　①○

71 江戸時代から畑作農業が盛んであった武蔵野八幡宮（武蔵野市吉祥寺）周辺で、「穴倉軟化法」の技術を用いて栽培されたのはゴボウです。

①○　②×

解説　地中で育てて白いウドを生産するのが「穴倉軟化法」。東京うど生産組合連合会によると、ウド栽培は江戸時代後期の文化年間に井荻村（現・杉並区）で始まり、吉祥

寺村で本格的に栽培されるようになった。その後、五日市街道を下るように多摩各地に広がった。今では東京一の生産量を誇る立川に流入したのは1950（昭和25）年頃だといわれる。

　1951（昭和26）年までは「吉祥寺うど」「関前うど」「保谷うど」などと産地の名を冠していたが、その後、「東京うど」と統一表記にしている。

解答　②×

72 モントリオール世界映画祭で最優秀脚本賞を受賞した『誰も守ってくれない』、『スケバン刑事　コードネーム＝麻宮サキ』、テレビドラマ『美貌のメス』のロケ地になったのは、どの大学でしょう。
　　①実践女子大学（日野市）　②中央大学（八王子市）
　　②京経済大学（国分寺市）　④多摩大学（多摩市）

解説　映画『誰も守ってくれない』（脚本、監督・君塚良一、主演・佐藤浩市、志田未来）などのロケ地になったのは実践女子大学。NPO法人日野映像支援隊などが撮影協力した。

　日野映像支援隊は日野市内のおすすめロケーションスポットを紹介する「日野ロケーションマップ」を作成。映画やテレビドラマのロケを積極的に支援している。

解答　①実践女子大学（日野市）

73 武蔵御嶽神社(青梅市)には国宝が2つあります。その1つが2009(平成21)年10月20日から3カ月間、ニューヨークのメトロポリタン美術館で開催されている「侍の芸術展」に出展されています。それは何でしょう。
①金覆輪円文螺鈿鏡鞍(きんぷくりんえんもんらでんかがみくら)
②赤糸縅大鎧(あかいとおどしのおおよろい)
③六面石幢(ろくめんせきとう)

解説 武蔵御嶽神社には「赤糸縅大鎧」と「金覆輪円文螺鈿鏡鞍」の2つの国宝がある。そのうち、後者の鞍が2009(平成21)年10月20日から2010年1月10日まで、ニューヨークのメトロポリタン美術館で開催された侍の芸術展に出品された。この鞍は鎌倉時代の軍陣用の鞍で、黒漆の上に蛇の目文の螺鈿が敷き詰められているなど、その制作技術が極めて優れ、重厚感にあふれている。

解答　①金覆輪円文螺鈿鏡鞍

74 多摩ゆかりの著名な女性と事柄の関係で間違っている組み合わせは、どれでしょう。
①橘秋子＝日本バレエ界のパイオニア
②横川楳子＝府立第四高等女学校(現・都立南多摩高校)創始者
③大妻コタカ＝大妻女子大学の学祖
④萩原タケ＝ガードナー国際賞受賞

解説 萩原タケは五日市町(現・あきる野市)の出身。1920(大正9)年、第1回フローレンス・ナイチンゲール賞を受賞した。貧しい藁屋の二女に生まれ、20歳で赤十字社

に入社。看護婦として働きながら後進指導に努め、日赤の看護婦監督、日本看護婦会の初代会長を務めた。あきる野市役所五日市出張所の玄関前に萩原タケの胸像が建っている。

解答　④萩原タケ＝ガードナー国際賞受賞

---

75 醸造元と銘柄が間違っている組み合わせはどれでしょう。
①中村酒造＝千代鶴　②近藤醸造＝金婚正宗
③中島酒造場＝日出山　④野崎酒造＝喜正

解説　近藤醸造はあきる野市にある醤油の醸造メーカーで、「キッコーゴ」という銘柄の丸大豆醤油を製造している。「金婚正宗」は東村山市久米川町にある日本酒の醸造メーカー「豊島屋酒造」が造っている清酒の銘柄。

解答　②近藤醸造＝金婚正宗

---

76 銘柄と原料の生産地の組み合わせで間違っている組み合わせはどれでしょう。
①キウイフルーツワイン＝三鷹市
②禅寺丸柿ワイン＝町田市
③柚子ワイン＝青梅市
④奥多摩わさび酎＝奥多摩町

解説　青梅市の沢井地区は柚子(ゆず)の産地だが、柚子ワインは製造していない。檜原村も柚子の産地で、地元の柚子を使った「柚子ワイン」をｂ村の特産品として製造販売している。

解答　③柚子ワイン＝青梅市

77 東京の林業と山の再生を図るために1996(平成8)年、林業家、製材所、工務店、設計事務所と建主らで作った協同組合を何というでしょう。
　　①東京の木で家を造る会　②東京都森林組合
　　③西多摩自然フォーラム　④森と人の会

解説　「東京の木で家を造る会」は、多摩の木材を利用して家をつくることで東京の林業と山林の再生を図り、都市の環境を守る運動をしている。家を建てるだけでなく、一般市民と協力し合って学習会、実際の育林作業、見学会、家づくり相談会なども実施。これらの活動を通じて東京の森林が置かれている現状や住まいを取り巻く安全性、地球環境問題などに理解を深める活動をしている。

　同会の事務局は2010(平成22)年4月、青梅市河辺町から日の出町大久野の「環の家(たまきのいえ)」に移転した。

　　　　　　　　　　　　　解答　①東京の木で家を造る会

78 多摩の農業に関する記述で間違っているのはどれでしょう。
①多摩西部は山間部も含め農地が多く残っている。山間部ではジャガイモ、ソバ、ワサビなどを栽培、平野部では野菜、トウモロコシ、シクラメンなどが中心だ
②多摩東部では都市農業が盛んだ。狭小な土地を活用するプランター野菜や花卉、さらに乳製品の他、最近はコーヒー栽培なども増えている
③多摩北部では比較的大きな農地が残り生産緑地も多い。ホウレンソウ、ニンジン、ブロッコリーなどの野菜や立川などのウドが特産。ナシ、キウイなどの果樹や花卉・植木も特徴だ

②多摩南部は古くから畜産が盛ん。また、多摩川梨など果樹や花卉栽培も盛んだ

解説 多摩東部(三鷹市、武蔵野市、調布市、府中市、小金井市など)では野菜や花卉、植木、キウイフルーツなどの果樹栽培が行われているが、酪農やコーヒー栽培は行われていない。

解答 ②多摩東部では都市農業が盛んだ。狭小な土地を活用するプランター野菜や花卉、さらに乳製品の他、最近はコーヒー栽培なども増えている

---

79 1911(明治44)年に七生村(現・日野市)平山に住んでいた人物が作り出した稲の品種「平山」は、その考案者の名前から別名で何と呼ばれているでしょう。
①丈太郎陸稲 ②ヒノヒカリ ③ホシユタカ ④キタカオリ

解説 稲は水田での栽培が適しているが、水を引くことが不便な所では畑で栽培された。また、稲は夏の干ばつに弱く、病気も発生しやすいため畑での栽培は難しかった。しかも品種改良の歴史が浅いため、水稲に比べると収量や味が劣るのが普通だった。

林丈太郎は1911(明治44)年、干ばつや病気に強い陸稲の品種「平山」を開発した。「平山」は別名「丈太郎陸稲」とも呼ばれた。栽培しやすいため東京都の奨励品種に採用され、しだいに近県に広まっていった。

解答 ①丈太郎陸稲

80 万葉集「多摩川にさらす手作りさらさらに何そこの児のここだかなしき」に関することで<u>正しくないもの</u>は次のうちどれでしょう。
　①作者不明の歌である
　②織り上がった布を多摩川にさらす様子が詠まれている
　③万葉集にはこの他にも「多摩」を詠んだ歌がある
　④この歌に詠まれた多摩川は青梅より上流である

解説　この歌は万葉集に収録された作者未詳の東歌。「多摩川でさらす手作りの布のように、どうしてこの娘は特別にかわいいのだろう」という意味の歌で、「かなしき」は、恋人や配偶者をいとおしく思う感情を表す。調布辺りの多摩川河畔の農村では古代、その土地の生産物を納める調（貢物）として手織りの布を白くさらして朝廷に納めたといわれている。
　万葉集にはこのほか、「赤駒を山野に放（はか）し　獲（と）りかにて　多摩の横山　徒歩（かし）ゆか遣（や）らむ」の歌がある。「多摩の横山」とは多摩丘陵をさす。

　　　解答　④この歌に詠まれた多摩川は青梅より上流である

81 戦中から20年以上、八王子市恩方などに住んだ小説家であり、翻訳家であったきだみのる（本名・山田吉彦）に<u>当てはまらない事柄</u>はどれでしょう。
①毎日出版文学賞を受賞した『気違い部落周游紀行』のほか、ファーブル『昆虫記』を共訳した
②アテネ・フランセ創設者ジョセフ・コットに影響を受け、自らアテネ・フランセでフランス語を教えた
③北海道出身、慶応大学を退学。30代でフランスに渡り、社

会学や民俗学を学んだ
　　④「ドブネズミ号」と名付けた愛車で全国を放浪した

解　説　「きだみのる」は北海道ではなく、鹿児島県奄美大島の出身。慶応大学を中退し、パリへ留学。ファーブルの『昆虫記』を訳した。戦時中、八王子市恩方の廃寺に住む。愛車「ドブネズミ号」で全国を回り、地方の農村を実地調査した。

　解答　③北海道出身、慶応大学を退学。30代でフランスに渡り、
　　　　社会学や民俗学を学んだ

82　地図を作るための一等三角点が全国に974カ所あります。その三角点網の基点となっている相模野基線と結んでいる基準点が多摩地域にあります。それはどこでしょう。
　　　①多摩市連光寺　②八王子市高尾町
　　　③稲城市大丸　④調布市深大寺元町

解　説　相模野基線とは神奈川県北東部に設定された日本の三角測量の基点となる直線のひとつ。その相模野基線と結んでいる一等三角点が多摩市で最も標高が高い同市連光寺の天王森公園の中にある。これは神奈川県の湘南平にある一等三角点「浅間山」と対をなしている三角点で、そばには一等三角点本点についての説明板が立っている。

　　　　　　　　　　　　　　　解答　①多摩市連光寺

83 縁起ものの団扇で、多摩地域以外のものはどれでしょう。
①からす団扇　②天狗うちわ
③厄除けほのほうちわ　④寶登山（ほどさん）うちわ

解説　からす団扇は府中市の大國魂神社、天狗うちわは八王子市の高尾山薬王院、厄除けほのほうちわは日野市の高幡不動尊で販売される縁起物のうちわ。寶登山うちわは埼玉県長瀞町の寶登山神社で販売されている縁起物のうちわで、火除けのうちわ、金運隆盛のうちわとも呼ばれている。

解答　④寶登山（ほどさん）うちわ

84 作家と事柄の関係で間違っている組み合わせは、どれでしょう。
①山口瞳＝映画『居酒屋兆治』　②八木重吉＝詩集『秋の瞳』
③川合玉堂＝洋画家　④三田誠広＝小説『白い丘』

解説　『居酒屋兆治』は国立に移り住んだ山口瞳が通いつめた谷保駅前の焼き鳥屋を舞台にした小説で、映画化された。『秋の瞳』は堺村（現・町田市）生まれの八木重吉の第一詩集。小説『白い丘』は八王子市めじろ台を舞台にした三田誠広の小説である。

川合玉堂は洋画家ではなく日本画家。1944（昭和19）年に青梅市御岳に疎開し、同地の自然を愛して終戦後も住み続け、作品を描いた。東京美術学校教授として、日本画壇の中心的存在でもあった。御岳渓谷に玉堂美術館がある。

解答　③川合玉堂＝洋画家

85 明治初年から多摩各地にも小学校が設立されて近代的な教育が始まりましたが、児童の就学率がおおむね90％を超えたのはいつ頃でしょう。

①明治10〜20年代　②明治30〜40年代
③大正初年代　④大正10年代

解説　1872（明治5）年に学制が発布され、各地に小学校が建設された。しかし、授業料が高かったため、就学率はあまり伸びず、明治20年代までは50％どまりだった。1900（明治33）年、小学校令が改正され、翌年から尋常小学校の授業料徴収がなくなった。それ以降、就学率は著しく高まり、1902（明治35）年ころには90％を超えた。

解答　②明治30〜40年代

次の文章を読んで、（　　）に入れる適切な言葉を選んでください。

バブル経済期に日本一高い会員権で名を馳せた（　**86**　）は、1937（昭和12）年開場の老舗名門ゴルフコースです。パブリックコースとしては昭島にある昭和の森ゴルフコースが比較的フラットな林間コースで、初心者にも人気があります。

調布基地跡地に開業した（　**87**　）は、（　**88**　）を収容できる本格的な総合競技場で、サッカーJリーグのFC東京と東京ヴェルディがホームスタジアムとして使用しています。

2013（平成25）年に開かれる予定の「多摩国体」に合わせて、周辺に補助競技場の建設も検討されています。

東京優駿（日本ダービー）や優駿牝馬（オークス）、天皇賞、ジャパンカップなど、（　**89**　）の重賞レースが開催される東京競馬場

は、日本を代表する競馬場です。高さ11.2メートル、幅66.4メートルの世界最大の大型映像スクリーン（ 90 ）などを備えており、施設が充実しています。

86 ①桜ヶ丘カントリークラブ　②小金井カントリー倶楽部
　　③そうぶファミリーゴルフ　④武蔵野ゴルフクラブ

87 ①調布基地跡運動広場　②府中市民陸上競技場
　　③味の素スタジアム　④多摩市立陸上競技場

88 ①2万人　②3万人　③4万人　④5万人

89 ①日本中央競馬会（JRA）　②東京都競馬株式会社
　　③日本船舶振興会　④JKA（旧日本自転車振興会）

90 ①「デジタルハイビジョン」　②「オーロラビジョン」
　　③「ターフビジョン」　④「クリアビジョン」

解 説

86　1937（昭和12）年10月3日に開場した老舗名門の小金井カントリー倶楽部（小平市）は、競技ゴルフを確立した往年のプロゴルファー、W・ヘーゲン（米ニューヨーク州ロチェスター出身）が設計した。用地面積は49.5万平方メートル。18ホール、6,760ヤード、パー72。入会条件は35歳以上の日本人男子。女性と法人は入会できない。

　　　　　　　　　　　　解答　②小金井カントリー倶楽部

[87] 東京都長期計画に「武蔵野の森総合スポーツ施設の建設」が盛り込まれ、1994(平成6)年、都、周辺市町村、金融機関など53団体が出資する第3セクターの武蔵野の森スタジアム株式会社が設立された。調布市に建設された「武蔵野の森スタジアム」は正式名称「東京スタジアム」として2001(平成13)年3月10日に開業した。2年後、味の素株式会社との命名権(ネーミング・ライツ)契約により、「味の素スタジアム」と命名された。

解答　③味の素スタジアム

[88] 味の素スタジアムは110.5×75.4メートルの国内最大級の天然芝ピッチに定評があり、2層スタンドの収容人員は4万9,970。スタンドの4分の3を屋根で覆い、雨天でも観戦がしやすい。サッカーだけでなく、多彩なイベントに利用されている。

解答　④5万人

[89] 中央競馬は、全国10の競馬場で年間288日行われる。そのひとつである東京競馬場は、1933(昭和8)年に目黒競馬場が現在の府中市に移転してきた。2,000メートル・左回りの芝コースがあり、ゴール手前の直線と緩いカーブに特徴がある。

解答　①日本中央競馬会(JRA)

[90] 大型の映像装置「ターフビジョン」は、縦11.2メートル、横66.4メートルの世界一大きいハイビジョン画質対応のマルチ画面(3画面)。1984(昭和59)年に東京競馬場にはじめて備えられ、その後、JRAのすべての競馬場に設置された。

解答③ターフビジョン

次の文章を読んで、(　　　)に入れる適切な言葉を選んでください。

多摩で生まれ育った企業が大躍進しています。

学徒出陣で関わった飛行機づくりで、本格的にものづくりに目覚めた中村義一は(　91　)を創業しました。宇宙観測機器で培った技術力を応用して医療機器や産業機器などの(　92　)で世界最先端の技術を持ち、NASAやライカも一目置くという世界に冠たる中小企業に育ちました。

また、戦時中に自営のカメラ店でノギスを生産していた時の技術を活かして(　93　)に転身したのが、いまでは日本を代表するブランドに育ったダイワ精工です。戦後出た音響メーカーではティアックやオーディオで名を馳せた(　94　)などもあります。電子関連では、国内初のTrオシロスコープや世界初の全IC化ミニコンなどを開発した(　95　)、ミツミ電機などが注目されます。

91 ①横河電機　②三鷹光器　③中島飛行機　④日本電子

92 ①電子分野　②医学分野　③光学分野　④力学分野

93 ①文房具製造　②ゴルフ用品製造
③電化製品製造　④釣り具製造

94 ①アキュフェーズ　②ケンウッド　③アイワ　④キャノン

95 ①ウシオ電機　②アップルコンピュータ
③アルプス電気　④中央電子

解　説

91　中村義一は、軍需工場が集まっていた三鷹に育ち、1966（昭和41）年、資本金1,000万円で**三鷹光器**を創業した。2006（平成18）年には天皇陛下が産業振興の一環として同社を訪問した。

解答　②三鷹光器

92　創業者の中村義一は東京天文台（現・国立天文台）勤務の父の下、三鷹で育った。**光学分野**の技術を活かして、天文機器、宇宙開発、産業機器、医療機器等の製品を開発した。

解答　③光学分野

93　ダイワ精工は日本を代表する**釣り具製造**の企業で、東久留米市に本社を置く。2009（平成21）年にグローブライドに社名変更した。釣り具以外にゴルフ用品、テニス用品、サイクル用品なども生産している。

解答　④釣り具製造

94　ケンウッドは2002（平成14）年、本社を渋谷区から八王子市に移転した。2008（平成20）年10月1日付で、日本ビクターと共同持株会社「JVC・ケンウッド・ホールディングス」を設立し、経営統合した。現在、ケンウッドはJVC・ケンウッド・ホールディングスの完全子会社になっている。

解答　②ケンウッド

95　1960（昭和35）年創業の**中央電子**は八王子市元本郷町に本社を置く。IP遠隔監視装置やセキュリティー関連の映像監視システム、入退室管理システムなどを開発している。同社ホームページの「八王子散歩みち」というコーナーで、地元八王子の歴史や見

どころなどを紹介している。

解答　④中央電子

次の文章を読んで、(　　　)に入れる適切な言葉を選んでください。

参道に二十数軒の蕎麦屋が並ぶ深大寺そば(調布市)がよく知られています。深大寺の裏山一帯は(　96　)の火山灰性の土でそばの栽培に適していた上、(　97　)が多く、そばをさらす水が豊富だったことから、昔からそば作りが盛んに行われていました。(　98　)に、(　99　)が宣伝したことから文人の間に広まり、有名になったといいます。

武蔵村山市や東村山市、小平市など狭山丘陵に近い一帯では、昔から(　100　)の栽培が盛んで冠婚葬祭などで最後にうどんを食べるならわしがありました。今でも宴会料理の最後をうどんで締めくくる店が多くあります。うどんは農家の日常食でもありました。糧うどんは、地野菜をゆでた添え物といっしょに食べるうどんで、新旧青梅街道沿いを中心に十数店がメニューに載せています。

96　①関東ローム層　②砂地　③砂礫　④石灰層

97　①井戸　②湧き水　③樹木　④岩

98　①江戸時代前期　②江戸時代後期　③明治時代初期　④大正時代

99　①有沢広巳　②松原庵星布　③太田蜀山人　④塩野適斎

100　①イモ　②小麦　③大麦　④米

解 説

96　関東ローム層は富士山や箱根の噴火で放出された火山灰が偏西風にのって流れてきて降り積もり、1万年以上の時間を経てできた地層。ローム層の厚い地域は武蔵野台地の南縁部。

解答　①関東ローム層

97　深大寺境内にある不動滝は湧き水が流れ出たもの。また、深沙大王堂裏のハケからも湧き水が出ており、深大寺およびその周辺は湧き水が多いことで知られている。

解答　②湧き水

98　江戸時代後期の文化文政年間（1804〜30年）に江戸文化人のひとり、太田蜀山人が幕府の役人として多摩川を巡視した際、宿に泊まって深大寺そばを食べ、世に宣伝した。

解答　②江戸時代後期

99　太田蜀山人は別名、太田南畝といい、江戸時代中後期を代表する文人、狂歌師。有沢広巳は経済学者で東大教授を退官後、法政大総長を務めた。松原庵星布は八王子出身の江戸時代中期の女流俳人。塩野適斎は八王子千人同心組頭。

解答　③太田濁山人

100　多摩北部の狭山丘陵に近い一帯は、稲作に適さないため、小麦の栽培が盛んだった。このため、うどんが農家の常食になっていた。

解答　②小麦

知のミュージアム
多摩・武蔵野検定 2008-2009 出題問題と解説

2010年7月30日　第1刷発行

編　著／社団法人 学術・文化・産業ネットワーク多摩
発行所／株式会社けやき出版
　　　　http://www.keyaki-s.co.jp
　　　　〒190-0023　東京都立川市柴崎町3-9-6 高野ビル
　　　　TEL042-525-9909　FAX042-524-7736

DTP／ムーンライト工房

装　丁／有限会社 ソーイトン

印刷所／株式会社 平河工業社

© network TAMA 2010, printed in japan
ISBN978-4-87751-419-8 C0036
乱丁・落丁本は、お手数ですが小社までお送りください。
送料小社負担にてお取り替えいたします。

"タマケン"にも役立つ けやき出版の本

東京の鉄道遺産 百四十年をあるく
上 創業期篇　下 発展期篇
各1470円　山田俊明
貯水池づくりや多摩川の砂利、青梅の石灰の運搬など、多摩の鉄道は大東京の近代化に大きく貢献した。現存する数々の鉄道遺産を豊富な写真と地図で誘う、鉄道百四十年の旅。

多摩の鉄道沿線 古今御案内
1785円　今尾恵介
中央線、京王線、小田急線、青梅線、南武線……。さまざまな歴史と表情を持つ鉄道が縦横する多摩。新旧地形図や時刻表から見えてくる沿線地域、発展の歴史を綴る。

多摩のまち 自転車探検
1365円　斉藤円華
ジブリの風景、文学と音楽の舞台、多摩川・玉川上水・野川、今も残る戦跡、三億円事件の現場、新選組ゆかりの地などを紹介。自転車だから体感できる24コース。

多摩よりみち散歩
1470円　雪子F・グレイセング
出会った木々や草花、川や空と街角で見つけたお店。中央線・京王線・青梅線・西武線を途中下車の道草旅17を400余点の写真・イラスト・紀行文で案内する。

多摩デポ ブックレット　各630円　発行：特定非営利活動法人 共同保存図書館・多摩
発売：けやき出版

①公共図書館と協力保存──利用を継続して保証するために
安江明夫

②地域資料の収集と保存──たましん地域文化財団歴史資料室の場合
保坂一房

③「地図・場所・記憶」──地域資料としての地図をめぐって
芳賀啓

＊価格は税込